Helmut Zöpfl
Zöpfls Weihnachtsbuch

Helmut Zöpfl

ZÖPFLS WEIHNACHTS BUCH

Illustrationen von
Sebastian Schrank

rosenheimer

6. Auflage 1997

© 1994 Rosenheimer Verlagshaus GmbH & Co. KG,
Rosenheim
ISBN 3-475-52794-4

Titelbild: Sebastian Schrank
Illustration: Sebastian Schrank

Satzarbeiten: Buch-Werkstatt GmbH, Bad Aibling
Gesamtherstellung: Ebner Ulm
Printed in Germany

Inhalt

Jetzt kommt die schöne staade Zeit

Was bleibt?

Wenn der Schneewind des letzte Blattl wegtreibt
und der Baum is ganz leer,
koan Vogel hörst mehr,
dann fragst di: Was bleibt?
Was bleibt uns im Lebn
z'letzt übrig von dem,
um des ma se plagt,
hinter dem ma herjagt,
um des ma se streit
und rauft, wia net gscheit,
se halbert derrennt.
Was bleibt scho am End?
Wo bleibns', de Sorgn,
wo sans' scho morgn
oder gar in am Jahr?
Wo bleibt, was grad war?
Wo bleibt, was no heut
uns ärgert und gfreut?

Koa Garnix, wo d'Zeit
net feilt dro und reibt,
was kurz oder lang
net wieder vergaang.
A Windhauch und glei
is alles vorbei.

...Wenn der Schneewind des letzte Blattl wegtreibt,
bleibt nix wia de Frag, de große: Was bleibt?

De Flockn falln

De Flockn falln, falln ohne End
staad wiara Wiagnliad,
a Liad, des wo koa Aufhörn kennt.
As Jahr is alt und müad.

Unter seim Schnee der Tannbaum knarzt
und schaugt recht duster raus.
As Jahr kimmt jetzt mit Weiß und Schwarz,
fast ohne Farbn aus.

Der Tag spart aa mitm Liacht a weng,
macht Feierabend recht fruah.
Doch, wer gscheit lurt, der konn aa seng,
bals net so hell is, gnua.

Der schaugt a wengerl nei in si,
wenns jetzt ruhiger werd,
horcht auf des Unscheinbare hi,
des ma sonst überhört.

De Flockn falln, es dämmert scho,
vui Ruah is weit und breit.
Ma zündt Adventskranzkerzn o.
Jetzt is de staade Zeit.

Der erste Schnee

Schaug naus ausm Fenster: es schneibt!
Schau nur hi, wias d'Flockn treibt,
wias es wurlt und wias es draht,
wias as Weiße wirbelt und waht.
Und schaugst dann a kloans bißl zua,
na bist no amal der kloa Bua,
denkst ans Schneeballwerfa,
ans Schlittnfahrnderfa,
ans Schneewalznrolln,
ans Bravseisolln
zwengs an Gschenkakriagn,
an a knarzade Stiagn,
ans Kettnklirrn,
ans Herzklopfaspürn,
an d'Kerzn, wias riacht,
ans Sternwerferliacht,
ans Glanzn und Klinga,
ans „O Tannenbaum"-Singa...
Doch scho nach einiger Zeit,
bist halt dann wieder im Heut,
und as Schneibn duad di bloß no moniern:
Morgn muaßt dir de Winterreifn montiern!

Barbarazweige

Ein paar abgebrochene,
abgeschnittene Zweige,
dunkelbraun
wie Besenreisig
weg vom Baum,
vom Baum des Lebens,
der Saft gab
und Halt.
Keine Lebenschance,
bald völlig verdorrt,
allenfalls gut fürs Feuer,
bald Asche, Staub.
Lächerlich, sie in ein Gefäß zu stellen
mit Wasser gefüllt,
wirklich kein Schmuckstück fürs Zimmer.
Aber was geschieht?
Wasser, Wärme
erweckt das scheinbar tote Gehölz,
durch die schwarzbraune Rinde
drängt sich erstes Grün.
Eine Knospe,
mehr Knospen.
Das Leben setzt sich durch,
drängt, sprießt.
Das Reisig beginnt zu blühen.
Frisches Leben läßt
dem scheinbar Erstorbenen
Hoffnung auf die Kraft des Lebens
b l ü h e n .

Ankunft

Advent heißt ja eigentlich Ankunft, das Ankommen des Herrn. Wie steht es mit diesem Ankommen heute? Was hat bei uns eine Chance, anzukommen? Die Werbeindustrie bemüht sich immer wieder neu, Produkte anzupreisen, die bei uns ankommen. Dazu benützt sie dann auch entsprechende Worte, die da sind: Das neue... das neueste... modern... super... oder supra... der Hit... der Knüller... sensationell... usw.

Ist es frivol zu fragen, wie die Werbeindustrie wohl die Ankunft des Herrn vermarkten würde, damit sie bei uns ankommt? Oder wie hätte unsere heutige Presse wohl über die Geburt in Bethlehem berichtet? Der inzwischen wie auch immer astronomisch erklärte Weihnachtsstern würde sicher etwas hergeben. Außenpolitisch würde man wohl den Besuch der Heiligen Drei Könige auch entsprechend zur Geltung bringen. Und selbstverständlich würde der Mordbefehl des Königs Herodes mehrere Knallüberschriften wert sein.

Aber die Geburt des Erlösers selbst, im Stall zu Bethlehem, würde wohl nicht einmal im Lokalteil vermerkt werden. Und wie stünde es mit der Weihnachtsbotschaft? „Friede den Menschen auf Erden, die guten Willens sind"? Ob man die wohl als Hit verkaufen könnte? Da müßte sich schon irgendein Schlagerstar ihrer annehmen und ein entsprechend zündendes Lied daraus machen. Immerhin, das Lied „Ein bißchen Frieden" hat ja damals den Grand

Prix gewonnen, und die Mutter Gottes taucht ja heute zwar immer weniger in unseren Kirchengesängen, aber dafür in sämtlichen volkstümlichen Musikparaden auf.

Es bedürfte schon eines besonders originellen Werbeeinfalles, daß wir zumindestens einmal die Ohren spitzen. Aber wie lange, denn bald würde eine neue Sensation auf uns zukommen, die noch besser aufgemacht ist als die alte. Ja, was kommt also noch bei uns an? So an, daß es uns beeindruckt oder gar betroffen macht? So betroffen vielleicht, daß dieses Ankommen uns beispielsweise veranlaßt, wieder zu uns selbst zu kommen oder in uns die Frage aufkommen zu lassen, worauf es uns eigentlich ankommt.

Wie weit sind wir überhaupt bereit, etwas ankommen zu lassen, den, der auf uns zukommt, wirklich an uns herankommen zu lassen oder ihn gar an- oder aufzunehmen? Wie schaut also unsere Aufnahmebereitschaft dem Ankommenden gegenüber aus? Können wir überhaupt dem, der ankommt, und dem, worauf es ankommt, noch einen Platz einräumen? Soll doch jeder selbst sehen, wie er durchkommt. Manchmal hat man also den Eindruck, daß es in der Zeit des Advent mehr um das Einkommen oder um das Bekommen geht. Ob wir damit allerdings auf die Zukunft hin zurecht kommen oder ob wir unsere Zukunft nicht doch einmal wieder von jener Ankunft her durchdenken sollten?

Advent

As letzte Blattl is vom Baam abegfalln,
es is a Pfüagottsagn jetzat in allm.
Seim End geht as Jahr, gengan d'Tag wieder zua.
Der Sommer is weit und alls hat sei Ruah.

Jetzt steht uns de staade Zeit nei ins Haus.
Nach Hellem und Liachtn schaut ma gern aus.
Mia wartma im Finstern und paßma herent,
ob uns nixn net rüberleucht von da drent.

Wartn fest auf an Stern, der uns leucht in der Nacht,
der uns in dem Dunkln an Wegweiser macht,
und der uns vielleicht aa in unserer Zeit
wia de Bethlehem-Hirtn aufn Weg zu dir leit'.

Dezembergedanken

Wenn die Tage des Jahres gezählt sind, kann es sein, daß man da und dort in einer unruhigen Minute die alte Frage der Menschheit stellt: Was bleibt eigentlich? Man macht eine kleine Inventur bei sich selber und fragt sich, was ist von diesem Jahr eigentlich geblieben, was hat Bestand? Was war wichtig und was wesentlich?

Da kann es sein, daß man noch weiter spintisiert und die Frage stellt: Was ist denn nun eigentlich wirklich wesentlich im Leben? Der „cherubinische Wandersmann" Angelus Silesius nennt als die große Lebensaufgabe des Menschen: „Mensch, werde wesentlich; denn wann die Welt vergeht, so fällt der Zufall weg, das Wesen, das besteht."

Leichter gesagt als getan. Dieses Wesentliche, was ist es? Wie ist es zu finden und zu verwirklichen? Wenn Bildung (nach Fritz Stippel) Selbstverwirklichung des Menschen ist, dann ist sie gleichzeitig die „Fähigkeit, Wesentliches von Unwesentlichem zu unterscheiden, und jenes ernst zu nehmen" (Paul de Lagarde). Aber finden wir dieses Wesentliche bei Normen, Geboten, Gesetzen, Pflichten, gültigen Werten usw.? Immanuel Kant sagte, der Mensch solle so handeln, daß die Maxime seines Handelns gleichzeitig die Maxime allen Handelns, also des Handelns von jedem Menschen jederzeit und an jedem Ort sein könne. Sollten wir da aber nicht auch bedenken, daß wir nicht immer nur an das Allgemeine denken können, sondern daß jeder von uns

17

etwas Wesentliches zu jeder Zeit tun kann? Daß uns das vergangene Jahr eine Reihe Chancen zugespielt hat, wo wir unvertretbar die Möglichkeit hatten, etwas Wesentliches zu tun.

Der Philosoph Max Müller nennt einen geschichtlichen Imperativ: „Tue das, was kein anderer tun kann, und was du in der Gemeinschaft als gerade deine jetzige alleinige Aufgabe übernehmen kannst." So gehört es vielleicht zu einer Jahresinventur, zu überlegen, wo wir gefordert waren, wo wir Chancen hatten, etwas unvertretbar Wesentliches zu tun.

Was ist für uns wesentlich? Sind es manche Situationen, existentielle Augenblicke, wenn vor uns etwas Letztes, ein Ende, ein Endgültiges steht? Hans Sachs hat gereimt: „Mensch, was du tust, bedenk das End, das wird die größte Weisheit g'nennt."

Welche drei Dinge würden Sie auf eine einsame Insel mitnehmen? Welche Bücher wären Ihnen wirklich wesentlich? Existentiell berührt uns vielleicht auch immer wieder jenes frühere Gewohnheitsrecht, dem Hinzurichtenden einen letzten Wunsch zu gestatten. Und weil wir schon bei Wünschen sind, was würden Sie wünschen, wenn, wie weiland im Märchen, Ihnen eine Fee drei Wünsche gestattete? Im Märchen sind es meist Torheiten, weil die Menschen nicht das Wesentliche erkannten.

Wir tun uns oft schwer, Werte wie das Schöne genau zu bestimmen. Könnte es uns da weiterhelfen, wenn wir uns fragen, was wir an unserem letzten Tag auf Erden am liebsten sehen, hören, riechen wollten? Die Schönheit der Natur? Etwa eine Libelle, die im Sonnenlicht über einen Tümpel schwirrt? Der Blick von einem hohen Berg auf die Heimat? Eine kleine weiße Wolke, die über den blauen Himmel zieht? Die Betrachtung eines Kunstwerkes oder einzig und allein die Gegenwart eines lieben Menschen?

Bei solchen Überlegungen kann man den so schwer definierbaren Wert des Schönen plötzlich ganz einfach verstehen: als das, was uns lieb geworden ist. „Schön ist das", sagt Christian Morgenstern, „was wir mit den Augen der Liebe betrachten." Und so kommen wir zum Schluß der Betrachtungen des Wesentlichen auf jene Kraft und Fähigkeit, die uns zu Menschen macht, und ohne die alles unwesentlich bleibt: die Liebe.

Zuaschaung

Zuaschaung, wenns schneibt,
wias d'Flockn verweht,
wia alls fallt und nix bleibt,
alls verfliaßt und vergeht...

Schaung, wia se der Rauch
zwängt ausm Kamin,
wiara steigt und verhaucht
ins Irgendwohin...

Wia'a Nebelschwadn ziagt
und taucht alls in se ei,
wiara kummt und verfliagt
...kannt i stundnlang fei.

Vom Sinn und Unsinn des Wartens

Mit dem Wort ‚warten‘ verbindet sich irgendwie immer etwas Ungewisses. Man weiß nicht genau, was kommt und wie es ausgeht. Es kann aber auch sein, daß man vergeblich wartet, im Guten wie im Schlechten. Man erwartet beispielsweise etwas Schlimmes, und dann stellt sich heraus, daß es nicht halb so schlimm war oder sogar erfreulich.

Das vergebliche Warten hat seinen literarischen Niederschlag in dem Stück von Samuel Beckett: „Warten auf Godot" gefunden. Warten kann also mit Enttäuschung, aber auch mit einer freudigen Überraschung enden. Es kann aber auch so sein, daß man vor ‚Warten‘ und Ausgerichtetsein auf die Zukunft die Gegenwart ganz und gar vergißt. Da gab es einmal ein Chanson: „Im Wartesaal zum großen Glück, da warten viele, viele Leute, warten seit gestern auf das Glück von morgen und vergessen, es ist ja noch heute, die armen, armen Leute."

Warten hat etwas von Spannung in sich. Das kann eine nervöse Spannung sein, aber auch ein Warten in der Vorfreude, die manchmal sogar schöner ist als die eigentliche Freude. Besser wohl ausgedrückt: Die Vorfreude ist eine ganz eigenständige Freude. Man kann etwas kaum noch erwarten, man ist gespannt, es kribbelt einen förmlich, doch ist es schön, diese Spannung durchzuhalten. Da hat man in der Erziehung der Vergangenheit gewiß einige Fehler gemacht. Denn, so verkehrt es ist, eine solche Spannungshaltung im Sinne des ‚Schmorenlassens‘

aufzubauen, so unsinnig ist es auch zu glauben, man solle jede Spannung, jede Erwartung aus dem Leben des jungen Menschen herausnehmen, weil ja sonst „Frustrationen" entstehen könnten.

Es war und ist ein großer Irrtum zu glauben, daß die sofortige Befriedigung der Bedürfnisse schon das Glück des Menschen automatisch darstellt. Sind es nicht, um mit Goethe zu sprechen, oft die saueren Wochen, die die frohen Feste ermöglichen? Kann sich der wirklich freuen, der sofort all das, was er will, bekommt? Denken Sie an das Märchen vom Schlaraffenland! Die gebratenen Tauben, die in den Mund fliegen, werden nach kurzer Zeit langweilig.

Vielleicht ist es sogar heute eines der größten Probleme, daß wir immer unfähiger geworden sind, etwas abzuwarten – keinen Spannungszustand mehr durchzuhalten. Damit werden eben die Feste immer „unfestlicher". Denken Sie nur daran, daß infolge des modernen Komforts weitgehend alles über das Jahr immerfort vorhanden ist, z.B. die frischen Erdbeeren, der Spargel usw. Zumindest in Konservenform ist jeder Genuß sofort abholbar. Brachte es nicht mehr Freude, früher auf die ersten Erdbeeren, die ersten Kirschen zu warten? Das läßt sich sicher nicht mehr rückgängig machen, bedeutet aber m.E. einen Freudenverlust. Macht es nicht das Besondere eines Buches aus, daß es spannend ist, d.h. daß man warten muß, sich durchlesen, bis man erfährt, wie es ausgeht? Und ist es nicht auch überhaupt eine spezifische Form des Glückes, daß man eben nicht genau weiß, ob etwas glückt?

Der Advent ist die Zeit der Erwartung, der Erwartung des Herrn. Was ist es für eine Erwartung, die wir heute haben? Diejenige, die man jetzt oft in den Worten ausgedrückt hört: „Froh bin ich, wenn das Ganze wieder vorbei ist. Ich schnaufe erst nach den Weihnachtsfeiertagen wieder auf." Ist es noch die kindliche Erwartung, was sich wohl am 24. Dezember hinter der verschlossenen Tür alles Schönes verbergen wird? Ist es die Vorfreude auf das endgültige Kommen des Herrn, der ja auch lange auf sich warten ließ, wie das so schön in dem alten Lied „Tauet Himmel den Gerechten" ausgesagt wird. Wer könnte von sich sagen, daß nicht auch immer ein wenig Unsicherheit mitschwingt, was uns bei dieser Niederkunft erwartet. Aber natürlich hoffen wir, daß es eben kein „Warten auf Godot" sein wird und daß es dann etwas Gutes ist, das uns erwartet, und nicht das, was uns im Evangelium immer wieder erzittern läßt, sollten wir zu den „Schafen zur Linken" gehören.

Die Tage des Advents sollten uns eigentlich ein wenig Zeit lassen, über all unsere Erwartungen etwas nachzudenken. Was erwarten wir vom Leben, von der Zukunft, vom anderen, von Gott? Aber auch, was erwarten andere von uns, was erwartet Gott von uns? Wie sind wir bisherigen Erwartungen gerecht geworden? Überwiegen in unseren Erwartungen Furcht und Angst oder Hoffnung und Vertrauen? Auf alle Fälle wird uns beim Überdenken dieses Wartens deutlich werden, daß uns Grenzen gesetzt sind, und daß wir nicht alles machen und herstellen können, sondern daß es noch etwas

23

anderes bzw. jemand anderes gibt, von dem wir ab-
hängen, unser Leben und unsere Zukunft. Es bleibt
jedem von uns überlassen, in dieser Zeit des Advents, gerade jetzt, da die Tage trüber sind und die
Nacht früher kommt, Lichter der Hoffnung zu entdecken oder auch bei anderen solche kleinen Lichter anzuzünden.

Der repressionsfreie Nikolaus
(nach einer Idee von H. Seitz)

Was an Nikolaus angeht, liabe Leut,
da glaub i, is' endlich amal an der Zeit,
daß i a ernsts Wörterl mit euch jetzat red,
weil's mit de altn Bräuch so weiter net geht.
Seids doch net so fad, seids net aso stur,
sonst ändert se nia unser Gsellschaftsstruktur!

Nikolaus, wenn i den Nama scho hör,
der klingt net wenig nach autoritär.
Heut mit de repressionslosn Kinderladn,
da kann i 'n Eltern und Erziehern grad ratn:
Der Nikolausbrauch, wenn er scho abgschafft net wird,
ghört zum mindesten richtig umstrukturiert.

So müaßt ma zum Beispiel de Kinder erst fragn,
was de überhaupts zum Nikolausbsuach sagn;
dazua daad se dann natürlich aa ghörn,
daß demokratisch abgstimmt müaßt werdn,
und d' Kinder habn dabei, wia's se versteht,
net bloß a Drittel-, sondern d' Halbparität.
Derf er wirklich na kemma laut Kinderentscheid,
na muaß er scho anders ausschaugn wia heut.
Mit Sack oder Ruatn, da geht fei nix mehr,
des schaugat vui zvui nach repressiv her.
Aa sei Bischofsmützn, des wißts es ja wohl,
de kannt als hierarchisches Statussymbol
de arma Kloana irritiern
und in ihrem klaßnlosn Denken verwirrn.
Sei Mantel, der lange, kannt beibhaltn werdn,
denn so was sans gwohnt, „Maxi" ist ja modern.
Und der Bart, der werd weiterhin onepappt,
weil der Marx und der Lenin ja aa oan habn ghabt.
Oans laßt se besonders nimmer vertretn:
des fromme Liader-Singa und Betn.
Heut hat ma koa goldernes Büachl mehr,
heut nimmt ma de Bibl vom Mao glei her,
aus der ma a Gsatzl draus rauszitiert
und mit de Kloana durchdiskutiert.
Nikoläus, de was auf se haltn,
baun aa sonst sinnvoll Bruckn zwischn Neuem und Altn:
Sie habn statt am Engerl an Engels dabei
und schenkan de Buam Karl Marx statt Karl May.
A bisserl werdn zwar de Kinder scho fluacha,
weils im Marx umsonst Indianer drin suacha.

Jetz hoff i, daß es beherzigts mein Rat
und der bürgerliche Nikolaus ausdeant dann hat.
Wennts des alls so machts, wia se se ghört,
derfts glaubn, daß der Abend vui lustiger werd.
Und 's Kind, des bieselt dann kaum mehr in d'Hosn
beziehungsweise, modern gsagt, kriagt Angstneurosn.
Doch dafür freilich möglicherweis
kriagns jetzat nacha de Nikoläus.

Nacht und Dunkel

„In Nacht und Dunkel liegt die Welt", so lautet ein altes Kirchenlied. Seit eh und je hat die Menschheit das Dunkel mit dem Unheimlichen, Unheilvollen, Schrecklichen, ja Bösen in Verbindung gebracht, während das Helle, Lichte eher das Heil, das Schöne und Gute verkörperte. Die Mächte der Finsternis wurden und werden noch immer gegenübergestellt den Gestalten des Lichts. Dunkelheit und Finsternis verkörpert zwar auch als Nacht Ruhe und Erholung von den Mühen des Tages, man sehnt sich zwar durchaus nach der Ruhe der Nacht, freut sich aber doch wohl mehr auf die ersten Sonnenstrahlen des beginnenden neuen, lichten Tages.

Der Mensch hat sich immer mehr für das Licht als für die Dunkelheit erschaffen angesehen. Das Dunkle hat den Menschen schon immer irgendwie Angst gemacht. Es beklemmt ihn, und er schaut nach Licht und Helle aus. Licht erwartet, erhofft und erfleht sich der Mensch immer letztlich auch vom Göttlichen. Ungezählte Mythen, Glaubensbotschaften, Verkündigungen usw. geben davon Kunde. Gott ist das Licht, und er bringt Licht in die Welt. Der Christ glaubt daran, daß Gott seinen eingeborenen Sohn geschickt hat, um Licht in die Dunkelheit zu bringen. Davon kündet ja auch das Johannesevangelium: Das Licht leuchtet in der Finsternis, aber die Finsternis hat es nicht erkannt.

Gerade die Adventlieder sind voll von dieser Lichterwartung, in denen das Volk „in bangen

Nächten" um Verheißung bittet. Gott erhört das Flehen, und das Wort ist, wie es im Evangelium weiter heißt, Fleisch geworden. Der Weihnachtsstern strahlt als Symbol der erfüllten Erwartung über der Krippe von Bethlehem. Dieses Licht der Erlösung ist aber nun kein fernes Licht, das nur über uns strahlt, sondern es ist auch gleichzeitig eine Verpflichtung für uns, selber Licht ins Dunkel zu bringen, selber eine Kerze anzuzünden, dem andern den Weg zu zeigen, Helle und Wärme auszustrahlen.

Gaudete heißt der dritte Sonntag im Advent, der uns aufruft, uns zu freuen, Freude auszustrahlen und mit Freude sozusagen anzustecken. Da ist aber oft die Hektik der staaden Zeit vor, in der wir uns auf andere Dinge konzentrieren müssen.

Müssen? Gehört es nicht zu den vielen Paradoxien menschlichen Daseins, daß man für ein böses, grantiges Gesicht, für Jammern und Schimpfen zwar allemal Zeit hat, für ein Lächeln und ein freundliches Wort aber die Zeit kaum zu reichen scheint. Ärgern und Schimpfen scheinen uns also wesentlich leichter zu fallen als die Freude. Nach einem bekannten Wort ist die Freude Gabe und Aufgabe zugleich. Mit anderen Worten: Um die Freude muß man sich offensichtlich, obwohl sie wesentlich gesünder ist, mehr bemühen als um den Ärger. „Gaudete", es muß uns also schon gesagt werden, daß wir uns freuen sollen.

Vielleicht sollten sich aber gerade die chronischen Miesmacher, die noch immer kritisches Denken und Intellektualität mit Stänkern, Jammern und Schwarzmalen verwechseln, diese Aufforderung auf

29

ihren Jahreskalender schreiben. Aber für diese Spezies Mensch gilt haargenau das, was Erich Kästner einmal sagte: „Mit der Sonnenseite des Lebens hat man sich wenig beschäftigt. Der Dünkel der Denker bevorzugte stets das Dunkel, denn nur im Dunkeln sah man ihr kleines Licht leuchten."

An was es wohl liegt, daß seit eh und je eine Unheilsbotschaft mehr Gehör findet als eine Heilsbotschaft und daß der offenbar mehr gilt, der von den negativen Dingen des Lebens berichtet als von den schönen, lebenswerten? Vielleicht muß man eine kleine Einschränkung machen. Wahrscheinlich würde ein Großteil der Menschheit lieber die erfreulichen Dinge erfahren und auch weitergeben, wenn nicht eine Mafia des Grau-in-Grau-Färbens und Schwarzmalens allenthalben ein schlechtes intellektuelles Gewissen am Guten und Schönen installiert. Ich klopfe an die eigene Brust. Irgendwie kommt man sich kritischer und bedeutsamer vor, wenn man gerade um die Adventszeit herum, in Analogie zur Herbergssuche, den Menschen vorwirft, wie hartherzig sie auch heute noch sind.

Das mag sicher auf einige zutreffen. Daneben sollte man aber nicht vergessen, daß gerade um diese Adventszeit auch unendlich viel Gutes gerade von unserem vielgeschmähten deutschen Volk getan wird. So, glaube ich, ist es nicht unangebracht, vor allem auch deshalb, weil ja bekanntlich die guten Beispiele anstecken, ein „Vergelt's Gott!" all denen zu sagen, bei denen der Weg vom Wort zur Tat ein sehr kurzer ist. Und das gilt vor allem auch für die so oft gerügten Medien Presse, Funk, Fernsehen.

Dankbarkeit und Freude sind meines Erachtens ganz, ganz eng verwandt. Und deswegen wäre es vielleicht gar nicht so schlecht, wenn wir im selben Atemzug mit dem „Gaudete" auch daran erinnern, daß es immer wieder vieles gibt, für das wir danke sagen können und viele, denen wir dankbar sein sollen, weil sie Licht in unser Leben bringen.

Frieden den Menschen auf Erden

Frieden den Menschen auf Erden,
Frieden, hats ghoaßn, soll werden.
Was is wordn seit der Zeit
mitm Frieden bis heut?
Obst as Gschichtsbuach aufschlagst,
obst in Zeitung schaugn magst,
wosd hischaugst, bloß Streit,
bloß Kriag, Kampf und Leid.
Wann werdn mas mal spanna
und zum Gscheitwerdn ofanga,
wann mal dazualerna,
auf de Botschaft hihörn aa?

Doch net bloß auf der Welt,
der großn, is bestellt
recht schlecht um den Friedn,
aa im Kloana werd gstrittn,
werd grangelt, werd graft,
werd Unruah oft gschafft.

Bevor ma's net schaffa,
net aufhörn zum raffa,
den andern net z'achtn,
bloß als Gegner betrachtn,
net gebn und bloß nehma,
bloß 's eigne Wohl kenna,
verletzen, net heilen,
bloß fordern, net teilen,
bevor daß' im Kloana

nix werd, brauchts net moana,
daß den Menschen der Frieden
ist wirklich beschieden.

*

A Stern hat gleucht

Und a Stern, der hat gleucht, so hell überm Stall,
daß sei Glanz und sei Schein war zu sehn überall.
Aus der Ewigkeit rüber in d'Zeit nei, in d'Welt
is kumma des Leuchtn, hats Dunkel erhellt.
Hat nia mehr so hell wo aufgescheint a Stern,
wia in Bethlehem damals zur Geburt unsers Herrn.
Wohin is des Liacht, des Helle, der Schein?
Is z'ruck aus der Welt, z'ruck in d'Ewigkeit rein?
Kaants net sei, daß mia bloß des Liacht nimmer sehn
oder daß ma as Leuchtn nimmer verstehn?
Kaants net sei, daß vielleicht an uns grad oft liegt,
daß in unserer Welt so vui Dunkel ma siegt?
Wenn ma alle dazuadaadn, daß mehr Liacht in d'Welt kimmt,
waar koa Gfahr, daß der Stern von der Krippn verglimmt.

Der neue Kalender

Heut siegst scho beim Oktoberfest
Schokladniklaus in jedm Gschäft.
Und um Allerseeln scho
bietns Christbaumkugeln o.
Am Heiligen Abend, der „Stillen Nacht",
oft a Neujahrsraketn kracht.
Dann um Sylvester umanand,
liegt in der Auslag 's Faschingsgwand.
Zur Faschingszeit ißt groß und kloa
bereits de gfarbten Osteroa.
Auf Ostern findst auf jedn Fall
Schokladmaikäfer überall.
Kaum machan jetzt de Bäder auf,
fangt o der Sommerschlußverkauf.
Und im August trinkt ma dafür
an frischn Schluck vom Wiesnbier...
Hat früher 's Jahr de Jahreszeit
bestimmt, so duat's wer andrer heut:
Ob's Frühjahr, Sommer, Herbst is, Winter,
des sagt Erwachsenen und Kinder
jetzt lang scho nimmer der Kalender,
sondern Supermarkt und Einkaufscenter.

Die Sternstunde

„Ein Stern ist aufgegangen, wohl über Jakobs Haus", so singen wir jetzt zur Weihnachtszeit. In Lied und Gebet gedenkt man also dieses Sterns von Bethlehem, von dem man zunächst annahm, daß er ein Komet war, heute aber wohl mehr zu der Auffassung neigt, daß sich um die Zeit von Christi Geburt eine besondere Planetenkonstellation ergeben hätte.

Wie dem auch sei, der Stern verkörpert jenes Heilsereignis. Christus wird sogar als der „Morgenstern der finsteren Nacht" angesprochen. In säkularisierter Form ist der Stern als Christbaumschmuck, auf dem Weihnachtspapier, als Plätzchen usw. nicht mehr wegdenkbar. Der Stern bzw. die Sterne haben nun für den Menschen seit eh und je eine faszinierende Wirkung gehabt. Wie auch immer sie gedeutet bzw. erforscht worden sind, astronomisch oder

astrologisch, schon früh glaubte der Mensch, daß
sein Schicksal von den Sternen abhängig sei. Astro-
nomie und Astrologie gingen seinerzeit noch inein-
ander über.

Fast in jeder Religion tauchen die Sterne als Sym-
bole, als Träger von Mythen auf. In wievielen Ge-
dichten und Liedern hat der Stern seinen Ort, nicht
zuletzt in dem so schönen Kinderlied „Weißt Du
wieviel Sternlein stehen", in dem auf so einfache
Weise die großen Fragen des Menschen auftauchen.
Wie naiv, wird mancher denken, wo wir heute doch
durch die fortschreitende Wissenschaft so viel über
diese Sternenwelt wissen, daß manche meinen, sie
hätten alle Rätsel dieser Welt schon gelöst, bzw. es
wäre nur noch eine Frage der Zeit, wann wir den
letzten Schleier lüften.

Man weiß doch inzwischen, wieviel „Sternlein"
stehen. Nur mit jeder neuen Erkenntnis taucht ein
neues Problem, tauchen neue Rätsel auf. Da kann
man zwar mit Lichtjahren die Entfernungen zwischen den einzelnen Galaxien berechnen, und doch
rückt mit dieser Zahl das Berechenbare in immer
weitere Entfernung. Wir wissen immer mehr, um
feststellen zu können, wie wenig wir wissen. Wie
war das mit der Entstehung dieser Welt? Da taucht
natürlich die Urknalltheorie auf. Aber je näher wir
uns mit dieser befassen, desto geheimnisvoller wird
das Ganze. Und je näher wir diesem Punkt Null
kommen, erforschen, welche ersten Teile eine Rolle
gespielt haben, Neutronen, Elektronen, Protonen,
Quarks, X-, Y-Teilchen usw. usf., um so rätselhaf-
ter wird, wie sich alles so ereignete, daß es zu unse-

rem Weltall, zu unserer Welt, aber auch zu unserem Planetensystem, zu unserer Erde gekommen ist.

Welcher ernstzunehmende Wissenschaftler spricht heute noch von der ewigen Materie? In einer Zeit, in der die Geisteswissenschaften immer materialistischer werden, die Psychologie sich schamhaft aus der Geisteswissenschaft hin zur Naturwissenschaft entwickelt hat, und ihre Gesetze oft aus einer längst überholten Statistik bezieht, erkennt die Physik plötzlich ihr Vorher und Nachher, denkt zumindestens daran, daß es so etwas wie Metaphysik gibt. Da entdeckt man dann plötzlich gar nicht mehr so viele Widersprüche zwischen Physik und Religion.

Es ist nicht uninteressant zu wissen, daß der wohl bedeutendste deutsche Philosoph, Immanuel Kant, zunächst einmal vom naturwissenschaftlichen Arbeiten her seine Qualifikation erreicht hat. Er, der immer wieder zu den Vätern der Aufklärung gezählt wird, hat als einen seiner wesentlichen Sätze verkündet, daß ihn das Sittengesetz in uns und der gestirnte Himmel über uns mit immer neuem Staunen erfülle.

Die Chance, daß sich unser kleiner blauer Stern mit seiner Atmosphäre und seinen Lebewesen entwickeln konnte, war, mathematisch gesprochen, unendlich gering. Und doch hat sich alles so ereignet, ist also unser Stern doch ein ausersehener, ein auserkorener. Ist es nicht eine der großartigsten und staunenswertesten Erkenntnisse, daß sich innerhalb eines millionsten Bruchteils einer Sekunde alles gegen das Nichts entschieden hat, oder entschieden wurde?

Wir sprechen sehr oft von dem Begriff der „Sternstunde". Dieser winzige Bruchteil der Zeit, von dem die Rede war, war wohl eine Sternstunde, weil sich in ihm das Werden des Alls und der Sterne entschieden hat. Auch heute gibt es immer wieder Sternstunden, und darunter verstehe ich nicht nur das Entstehen eines neuen Sternes, sondern das Entstehen neuen Lebens, das ein ähnliches Wunder ist.

Ist nicht jede Zeugung und die Geburt eine solche Sternstunde, in der in einem biologisch, physikalisch oder chemisch nicht genau faßbaren Zustand ein neues Ich, ein Mikrokosmos entsteht? Der Christ glaubt, daß Christi Geburt *die* Sternstunde für die Menschheit war, damals, als der Stern über dem Stall geleuchtet hat und dem Leben über sein Ende hinaus dieses ewige Heil zugesagt wurde. In jener Nacht wurde die Zusage gemacht, daß das Schicksal des Weltalls, aber auch jedes einzelnen nicht die Auflösung, sondern die Erlösung ist. Ein Stern wurde aus der Ewigkeit in der Zeit sichtbar, wurde zum Zeichen, daß nicht das Dunkle der Nacht, sondern das Lichte und Helle, das Heil hinter dem scheinbaren Dunkel des Endes, als Vollendung und neuer Anfang steht.

Zeitlang

Wie nachm Winter, wenn er rauh war und hart,
ma voller Sehnsucht as Fruahjahr derwart,
wiara Wiesn, a Feld, von der Sonne ausdürrt,
scho wart, daß endlich an Regn wieder spürt,
wia ma wart auf an Briaf von wem, den ma mag,
wia ma wart aufn Feierabnd nach am Tag,
an dem ma gschuft hat und garbad ganz vui,
wiara Marathonläufer herbeisehnt as Zui,
wia d'Leut im Kriag auf Friedn und Ruah
und a Muatter wart, daß guat zruckkommt ihr Bua.
Wia ma wart nach a Drangsal aufs End von der Not,
wiara Hungriger wart auf a kloans Stückl Brot.

So vui und mehra hat de Menschheit aa gharrt,
auf a Zeichen, an Wink, a Wort von dir gwart,
bevor der Stern de Nacht hat erhellt,
wiast dein Sohn hast gschickt zu uns auf de Welt.
Ohne Huif von dir und ohne sei Hand
daadn mia wartn umsonst aa heut no allsamt
auf de Zuasag von dir, daß Du an uns denkst
und auf den Advent nauf as Heil uns amal schenkst.

*

Gaudete – freuet euch

„Gaudete, freuet euch", so heißt der dritte Sonntag
im Advent. Freude ist also geradezu ein göttliches
Gebot im Zusammenhang eben mit der Erwartung
des Herrn. Wie schaut es aber mit dieser Freude
heute aus? Wer die Überschriften in der Presse liest,
die Nachrichten hört, die Tagesschau sieht, der
könnte fast auf den Gedanken kommen, daß unsere
Welt nur noch von Angst und Schrecken beherrscht
wird. Dazu kommt, daß uns allenthalben Zukunfts-
angst und Lebensangst begegnen. Und manchmal
entsteht geradezu der Eindruck, daß man als
Außenseiter angesehen wird, wenn man nicht eben-
falls ständig seine Angst, seine Lebensunlust, seinen
Lebensunmut bekundet.

Damit wir uns nicht falsch verstehen. Tatsächlich
ist vieles in unserer Welt und auch in unserer heutigen Situation nicht unbedingt dazu angetan, nur
Jubel auszulösen. Und es hieße die Augen vor der
Realität verschließen, wollte man die vielen Ängste,
die uns bei den verschiedensten Anlässen über-
kommen, als unbegründet abtun.

Vielleicht war man aber auch zu lange Zeit
zu optimistisch und hat in einer bedingungslosen
Fortschrittsgläubigkeit angenommen, die Welt wird
immer besser und vollkommener werden und es sei
lediglich eine Frage der Zeit, bis sich das Paradies
auf Erden einstellen würde.

Sollen wir aber bei der Bewußtmachung stehen
bleiben? Ich meine, daß es heute mehr denn je not-

wendig ist, sich auf die positiven Haltungen wie Hoffnung, Freude und Lebensmut zu besinnen. Gerade das Wörtlein Freude scheint in unserer Zeit ein arges Schattendasein zu führen. Herrscht heute Unzufriedenheit als Motor vor, anstelle des Lebenselexiers Freude, von der Schiller meint:

„Freude heißt die starke Feder
in der ewigen Natur.
Freude, Freude treibt die Räder
in der großen Weltenuhr."

J.C. Hampe hat einmal gesagt: „Wir sind die Generation mit viel Vergnügen, aber ach so wenig Freude." Der Mensch ist, wie Pascal sagt, eigentlich „für die Freude geboren". Es gehört nun schon zu den Merkwürdigkeiten und Unergründlichkeiten unserer Natur, daß jeder genau weiß, um wieviel gesünder und angenehmer es ist für Leib und Seele, wenn wir uns freuen, als wenn wir uns ärgern.

Eigentlich müßte das ganze Dasein danach ausgerichtet sein, dem Ärger zu entfliehen und nach Freude zu suchen. Was aber tut man sehr häufig? Man übersieht geflissentlich die vielen Freuden, die tagtäglich an unserem Lebensweg offen dalägen, und hält statt dessen Ausschau nach den kleinen oder großen Ärgerlichkeiten und Ärgernissen. Man mag einwenden, daß es eben so vieles Ärgerliche auf der Welt gibt und daß man vor ihm nicht die Augen verschließen soll. Nun, sicher ist nicht alles erfreulich auf dieser Welt. Aber vielleicht kommt eben das Unerfreuliche vielfach daher, daß der Mensch sich so wenig um die Freude bemüht.

Da leistet übrigens der alte Philosoph Seneca der

Aufforderung vom 3. Adventssonntag ein wenig Schützenhilfe, wenn er sagt: „Die Freude ist eine ernste Angelegenheit." Das heißt nicht, daß wir uns verkrampft um sie bemühen sollen, denn oft genügt ja ein Öffnen der Augen und Ohren, und natürlich des Herzens, um die Freude in uns hineinzulassen. Ein bißchen sind wir nämlich schon für sie verantwortlich. Das besagt schon das Wort „sich freuen"; man wird nicht gefreut, sondern man muß sich schon selber freuen:

As Gsicht hat der Herrgott uns gschenkt,
dir und mir,
aber lächeln damit,
des müssen schon wir.

Es gibt eine ganze Reihe von Weisheiten, die uns nahelegen, uns weniger zu ärgern und uns viel mehr zu freuen. So sagt der Heilige Augustinus: „Die Seele nährt sich an dem, an dem sie sich freut." Und der Mönch vom Berg Athos meint: „Freude ist der Äther, der alles verbindet. Die Freude hält Gott und die Schöpfung zusammen." Zur Freude gehört aber auch, daß man sich selber irgendwie annimmt in seiner ganzen leiblichen Existenz, mit seinen ganzen Unzulänglichkeiten. Eigentlich wäre das Christentum ja eine Religion, die den Menschen in seiner Ganzheit und Leiblichkeit ernst nimmt. Oder ist es vielleicht leibfeindlich, wenn die Heilige Teresa von Avila sagt: „Tu deinem Leib etwas Gutes, damit deine Seele Lust hat, darin zu wohnen."

Freude ist bekanntlich Kraft, und wer sich freut,

kann auch leichter gut sein. Nach Horatcuk ist Freude „gespürtes Leben". Gespürtes Leben um uns herum, aber auch unser eigenes Leben, das wir ein bißchen mehr spüren und schützen sollten. „Wer sich selbst nichts gönnt, wem kann der Gutes tun? Er wird seinem eigenen Glück nicht begegnen." Dieses schöne Wort steht in der Bibel und zwar in Jesus Sirach 14,5. Sie wissen ja, wer selber nicht mehr genießen kann, wird auch ungenießbar, oder wie es Johannes Chrysostomos ausdrückt: „Was nützt der Verzicht auf Fleisch und Fisch, wenn wir dafür unsere Mitmenschen beißen und fressen?"

Weihnachten ist nach wie vor ein wunderschönes großes Fest. Gibt es denn eine Religion, die so großartig, gemütvoll und schön feiern kann wie die christliche? Ich finde es schade, daß wir vielleicht zu puritanisch geworden sind und verlernt haben, zu feiern und uns zu freuen. Wieder sei die Heilige Schrift zitiert: „Dies ist der Tag, den der Herr gemacht hat. Laßt uns fröhlich sein und uns darüber freuen" (Psalm 118,24). Wir dürfen und sollen uns an uns selber freuen, daß wir dasein dürfen, und sollten aber auch diese Freude weitergeben.

Igerl und das Wort
„Ehre sei Gott in der Höhe"

Als sich der Alfons Igerl bei seinem vorweihnachtlichen Einkauf in der Münchner Fußgängerzone für ein paar Minuten in das stille St. Anna-Kircherl zurückgezogen hat, denkt er wieder einmal über den eigentlichen Sinn des Weihnachtsfestes nach.

Wie heißt die Weihnachtsbotschaft so schön: „Ehre sei Gott in der Höhe und Friede den Menschen, die guten Willens sind." Schon in der Morgenpresse hat er wieder über neue Greueltaten von irgendwelchen Kriegen im Nahen oder Fernen Osten gelesen, von Kindsmißhandlungen, Ausländerhaß bei uns usw. Und er überlegt sich, wie weit diese Botschaft eigentlich wirklich vorgedrungen ist. Vielleicht hat sie schon damals irgendein Postbote aus der damaligen Zeit vertragen, und das Papyrusbrieferl ist gleich bei irgendeinem winzigen Nest in der Nähe von Bethlehem hängengeblieben. Denn bestimmt ist es nicht einmal bis Jerusalem und schon gleich gar nicht ins alte Rom gekommen. Zumindest richtig gelesen haben es die Leute bis heute nicht. Ich wahrscheinlich auch nicht, überlegt der Alfons und klopft sich ein wenig schuldbewußt an die eigene Brust.

Da fällt es ihm aber ein, daß es mit dem „Ehre sei Gott in der Höhe" auch nicht bestens stünde, mindestens genauso schlecht wie mit dem Frieden. Mit dem Wort „Ehre" scheinen die Menschen heute sowieso nichts mehr anfangen zu können, vielleicht weil im sogenannten „Tausendjährigen Reich" so oft die Rede von diesem Wörtchen „Ehre" war und die Leute die Nase voll hatten, überall zu erfahren, daß es eine große Ehre sei, für den Führer und das Vaterland zu sterben. Das darf aber nicht von der Tatsache wegführen, daß dem lieben Gott Ehre zuteil werde. Ehre, wem Ehre gebührt. Aber auch, wenn der Fortschritt und die Aufklärung noch so weit vorangeschritten sind, sollten wir nicht vergessen, daß wir Gott als Schöpfer aller Dinge ehren und loben.

Der Alfons denkt darüber nach, welch triste Gesänge heute teilweise zu Ehren Gottes gesungen werden. Ganz selten hört man noch das Lied „Lobet den Herren", „Großer Gott, wir loben dich" oder „Nun danket all und bringet Ehr, ihr Menschen in der Welt". Stattdessen werden immer mehr Lieder gespielt, bei denen er nicht mehr mitsingen kann, weil sie, um einen Ausspruch des Pfarrers Erwin Hausladen zu gebrauchen, alle in Schiß-Moll geschrieben sind und sie trauriger und langweiliger klingen, als das Halleluja des verklärten Engels beim „Münchner im Himmel" von Ludwig Thoma. „Fröhlich laßt uns Gott Lob singen" hatten sie als Buben damals noch aus vollem Herzen gesungen. Heute singen in der Messe oft nur noch der Chordirigent und zwei oder drei Pfarrmitglieder, die vom Blatt singen können. Das konnte der Alfons Igerl aber nicht.

Aber auch außerhalb der Kirchenlieder ist es nicht weit her mit dem Verehren des lieben Gottes, denn da überwiegen doch bei weitem mehr die Vorwürfe, die man ihm macht. Es gibt ja Leute, denen stinkt er jeden Tag neu, daß sie überhaupt auf der Welt sein müssen, und sie sehen ihren Daseinssinn nur darin, daß sie pausenlos mit dem Kopf wackeln, so als wenn sie als Perpendikel auf die Welt gekommen wären. Im Laufe der Jahre haben sie sich dann alle Samenkörndl der Freude, die jeder Mensch vom Schöpfer mitbekommen hat, herausgeschüttelt und ihr Kopf ist so hohl, kahl und leer wie ein Tischtennisball innen und außen. Ich glaube schon, überlegte Alfons Igerl, daß wir Deutschen besonders dazu neigen, ein Volk von Berufsgrantlern und -kritikern zu sein. Und er lacht ein wenig beim Gedanken an den schönen Vergleich, den Edmund Stoiber einmal gebracht hat, daß wir immer mehr ein Volk von Schiedsrichtern sind, aber immer weniger eine Mannschaft zusammenbringen, die noch selber mitspielt. Wahrscheinlich ist es eben leichter, ständig die gelbe oder rote Karte zu zeigen, als ein paar Meter selber zu laufen und den Ball richtig zu treffen. Wie wenige können sich eigentlich noch so richtig freuen oder gar jubeln. Das gelingt allenfalls einigen noch, wenn der Stürmer vom FC Bayern in der letzten Minute ein 2:1 köpfelt.

Mit dem Wort Ehre, überlegt Alfons Igerl weiter, hängt ja auch die Ehrfurcht und das Verehren zusammen. Aber wovor hat der Mensch heute noch Ehrfurcht, meint er doch, daß er selber alles wisse und selber alles machen könne. Darüber hat er ganz vergessen, daß er mit dem Wissen immer weniger anfangen kann und nicht mehr mit seinem Können umzugehen weiß. Ja, und daß der sogenannte Fortschritt für viele nichts anderes bedeutet, als daß wir zwar meinen, immer mehr zu können und zu wissen, aber immer weniger davon haben.

Irgendwann hat der Alfons Igerl einmal gelesen, daß die Ehrfurcht ein „Respekt mit einem vor Staunen weit geöffneten Mund" ist. Vielleicht sollten wir wieder einmal ein bißchen mehr Staunen lernen über all das, was wir geschenkt bekommen haben, im Großen und im Kleinen. Mit dieser Ehrfurcht würde vielleicht dann auch wieder mehr Dankbarkeit kommen, dafür, daß wir tagtäglich so viel geschenkt kriegen. Jeden Tag beispielsweise neu unser Leben. Ja, das wär's, mehr Ehrfurcht vor dem Leben und vor dem, der der Verursacher allen Lebens ist, denkt Alfons Igerl. Und er schickt so nebenbei ein kleines Dankgebet an den Altar, das er in der Schule gelernt hat. Matthias Claudius hat's geschrieben:

> Ich danke Gott und freue mich
> wie's Kind zur Weihnachtsgabe,
> daß ich bin, bin! Und daß ich dich,
> schön menschlich Antlitz, habe.

Und dann überlegte Alfons Igerl noch, daß die beiden Sätze in der Weihnachtsbotschaft irgendwie eng zusammengehören. Denn nur der, der danken kann, der zufrieden ist und der Ehrfurcht hat, ist letztlich auch in der Lage, friedfertig zu sein. Stimmt, denkt er beim Hinausgehen, stimmt eigentlich, vielleicht sollten wir mehr darauf achten, wieder etwas mehr zufrieden mit dem zu sein, was uns Gott geschenkt hat, um friedfertiger zu werden. Und mit diesem Vorsatz und gutem Willen geht der Alfons in die letzten Tage vor Weihnachten, denn der gute Wille gehört ja auch zu der besagten Weihnachtsbotschaft.

De Zeit vergeht

De Zeit vergeht, es gfriert und schneibt,
is kalt und manchmal wahts.
Wenn in der Stadt der Schnee liegn bleibt,
is' bald a brauner Baaz.

Mordstrümmer Christbäum stellns jetzt auf
an alle großn Plätz.
Beim Weihnachtsgschenkerschlußverkauf
is' eine Riesn-Hetz.

Nur knapp a Woch zum Christfest no,
auf des ma se so freut.
Und acht Tag drauf Sylvester scho.
Mein Gott, vergeht de Zeit!

Wo is' nur bliebn des letzte Jahr
mit alle seine Täg?
Kaum, daß was überhaupt erst war,
is' scho zuend und weg!

Gern wissat i, wo d'Zeit hingeht
und wohin allsamt treibt,
warum alls grad so kurz besteht
und warum gar nix bleibt.

Es gfriert und schneibt, es waht, is kalt,
Schlag zwölfe giaß ma's Blei.
As Jahr is grad zwölf Monat alt.
– Und is aa scho vorbei.

Hat Weihnachten noch eine Zukunft?

Es gehört schon zu den merkwürdigsten Tatsachen unserer Zeit, daß wohl in keiner Zeit des Jahres so viel geschimpft, gejammert und gestöhnt wird wie zur Weihnachtszeit. Man hat den Eindruck, die meisten würden am allerliebsten dieses Weihnachtsfest abschaffen. Aber was setzen sie dann an dessen Stelle? Dennoch glaube ich, daß wir uns auf die Dauer schon etwas mehr mit und um Weihnachten einfallen lassen müssen, damit es nicht zu einer bloßen Winterfeier, einem Jahresabschluß oder einem vorgezogenen Faschingsfest abgleitet. Dies gilt sowohl für die ungezählten Weihnachtsfeiern, die mit dem ursprünglichen Sinn des Festes weniger zu tun haben, wie das Kufsteinlied mit Beethovens 9. Sinfonie, oder der literarische Wert der Wasserstandsmeldung des Bayer. Rundfunks mit Goethes Faust. Der Sinn des Weihnachtsfestes wird sich nicht dadurch erhalten, daß immer mehr „bayerische Hoagaschts" stattfinden, bei denen dann hin und wieder sogar noch jene Mundartdichter, die das ganze Jahr nur dumme Witze über das Christentum reißen, plötzlich fromm werden und den Schnee leise rieseln lassen, so daß es den Eingeweihten tatsächlich kalte Schauer den Rücken herunterjagt.

Etwas weniger wäre sicher mehr. Und wer nun fast schon sechs Wochen lang jeden Abend eine Feier erleben muß, wird sich am 24. Dezember schwertun, noch ein wenig festlich gestimmt zu sein. Noch heute erinnere ich mich daran, wie schön es war, daß die Weihnachtsplätzchen – ich gebe ja zu, daß man einmal vorher daran genascht hatte – erst am Weihnachtsabend auf den Tellern lagen. Etwas mehr sollten wir also schon von diesem Drumherum abspecken, zumal die Gefahr droht, daß das Weihnachtsfest immer breiter übers Jahr ausgewalzt wird und wir allmählich schon während des Oktoberfestes damit beginnen.

Vielleicht kommen wir aber mit unserer Besinnung auch weiter, wenn wir Erwachsenen uns einmal fragen, was uns denn von allen Weihnachtsfesten, die wir selber miterlebt haben, am meisten in Erinnerung geblieben ist. Ist es nicht für die meisten auch das Erlebnis der Gemeinschaft, der Geborgenheit gewesen, die Freude am Schenken und jene wie auch immer erfahrene Begegnung mit dem Wundersamen, das in jener Heilsnacht begann. Gehört es nicht auch zu den wundersamen Dingen, daß sich – wie auch immer – dieses Weihnachtsfest über zwei Jahrtausende irgendwie gehalten hat? Ich glaube, daß jeder Mensch in sich einen Wunsch nach etwas Heiligem, Weihevollem hat.

Es ist also schon ein rechtes Armutszeugnis, wenn wir aus Weihnachten nichts anderes mehr machen könnten, als zu jammern und zu klagen, denn es liegt auch in unserer Hand, das Großartige und Schöne, das mit ihm begann, weiterzutragen, mit neuem Leben und neuem Licht zu erfüllen. Aber das kostet halt dann ein wenig mehr Anstrengung, als mit einem Kugelschreiber im großen Versandkatalog die neueste Videokamera und das Perlenkollier zur Bestellung anzukreuzen. Sicher hängt der Bestand des Weihnachtsfestes nicht von der Erfüllung jedes unserer Wünsche ab, wohl aber davon, daß wir bereit werden, uns wieder etwas mehr erfüllen zu lassen. Nur wenn wir Abschied nehmen von der Vorstellung, daß man alles machen, kaufen, herstellen kann, finden wir wieder zu einer freudvollen Erwartung für das, was man früher als Gnade bezeichnet hatte.

Von Adventsfeiern und besinnlichen Festen

Zeitzeichen

Wenn der Ipflinger-Viergsang ins Auterl se schwingt,
jeden Abend drei- bis viermal sei Repertoire singt,
wenn as Kaufhaus de Auslag für Fasching scho richt,
von der Sommermode de Zeitung bericht,
wenn vorm Fernsehkrimi mit sechsfachem Mord
hi und da kimmt vom Frieden auf Erden ein Wort,
ein Knabenchor lieblich in Engeleinstracht
mit „Stille Nacht" a Parfümwerbung macht.
D'Reklame an unser Innerstes rührt,
an Camembert gar a Tannenzweig ziert.
Dann, wenn ma vor Trube, vor Hetz und vor Streß,
den ma überall otrifft, langsam nervös
und wepsert und gar amal so grantig werd,
daß ma glei den andern zwengs nixn oplärrt,
dann freut euch, endlich is' wieder so weit,
denn mia san mittn drin in der ganz staadn Zeit.

Macht hoch die Tür

Jetzt hören wir immer wieder in Adventsveranstaltungen von dem heiligen Paar, wie es sich auf die Suche gemacht hat nach einem Dach, nach einer Herberge. Hören von dem vergeblichen Anklopfen, und daß die harten Herbergsleute die Tür nicht aufgetan haben, und jedes Jahr sind wir dann wieder empört darüber.

Nun haben schon viele nachgedacht, wie es wäre, wenn in unseren Tagen dieses Paar wieder anklopfen würde. Wahrscheinlich würde, zumindestens an vielen Orten, dasselbe passieren. Denn, gibt es nicht auch in unseren Tagen viele Situationen, wo bei uns auch angeklopft wird und trotzdem der Riegel vorbleibt? Aber ganz ehrlich, denken wir nicht sehr häufig genauso wie die Herbergsleute damals? Bitte nicht bei uns, sucht euch doch jemand anderen und laßt uns in Ruhe. Das ist schon alt und ist modern. Man möchte gerne in Ruhe gelassen werden.

Der andere, wenn man ehrlich ist, stört eben unsere Ruhe dann und wann. Und das ganz besonders, wenn er nicht so ausschaut wie wir, vielleicht sogar noch anders redet, wenn er von woanders herkommt, und wenn er sich anders benimmt. Woher nimmt sich dieser andere eigentlich das Recht, daß er wer anderer sein möchte? Versperrt man vor dem Anderssein nicht fast automatisch da und dort die Türe? Die Tür da drinnen, die oft noch schlimmer als die Tür vor einem Haus sein kann, wenn man nichts anderes hereinläßt, als das, was uns gerade in den Kram paßt. Vorurteil, Verständnislosigkeit und Ablehnung, das sind die Riegel, die heute wie damals Herz und Hirn blockieren können.

Macht hoch die Tür, die Tor macht weit, so singen wir in der Adventszeit. Ein bißchen, meine ich, ginge die Türe schon auf, wenn wir ein wenig darauf achten, daß wir uns hin und wieder in den anderen hineinversetzen, was an seiner Stelle wir tun würden, wenn wir vor der Tür stünden, als die anderen.

Staade Lesung

Im Nebensaal vom Maierwirt
is' ganz adventlich gricht.
De Musi spuit a staades Stück,
i lies a staads Gedicht:
As Jahr geht langsam zua seim End,
vui Ruah is weit und breit,
mia samma im Advent jetzt drin,
drin in der staaden Zeit.
Ganz winterlich is de Natur,
der Heilig Abnd is nah,
alls is jetzt staad, alls gibt a Ruah.
„Da Schweinsbratn waar da!"
De Nacht kimmt bald, es dämmert scho,
und d'Flockn falln ganz leis.
Alls schickt se zum Schlafa o.
„Wer kriagt'n no a Weiß?"
Koa Vogerl singt im Wald mehr drauß,
ma hört jetzt fast koan Laut,
ganz hoamli und ganz ruhig is,
„De Pfälzer mit'm Kraut!"
So feierlich is de Natur
und ganz verschlafa d'Welt.
„Wer hat da vorher grad bei mir
den Wurstsalat no bstellt?"
I hab de staadn Tag so gern,
wenn weiß de Flockn falln.
„Kriagt wer da was zum trinka no,
wer möcht bei mir jetzt zahln?"
Ja so a bsinnlich staader Abnd,

jetzt in der staadn Zeit,
mit Musi, Liader und Gedicht
macht richtig 's Herz mir weit!
Bloß hoff i, daß mei staads Gedicht
im Saal vom Maierwirt
de Kellnerin hat beim Serviern
net zu sehr irritiert.

Igerl und die Adventslesung

Jahrelang hatte es bei der Firma Schüsselbauer und Söhne zur guten Tradition gehört, daß die Weihnachtsfeier von dem langjährigen Betriebsmitglied Alfons Igerl gestaltet wurde. Ganz im Gegensatz zu anderen Betriebsfeiern, bei denen die Weihnachtsfeier eher einem Faschingsball gleicht, ließ es sich der gestandene altbayrische Geschäftsführer Franz Steinbichler nicht nehmen, daß die Weihnachtsfeier würdig und besinnlich ablief. Hauptgarant dafür war die Lesung Igerls, der sich jedes Jahr monatelang darauf vorbereitete.

Als dann der Alfons in Pension ging, war es für Steinbichler eine Selbstverständlichkeit, daß Igerl gebeten wurde, trotz seines Ruhestandes alljährlich weiterhin die Feier zu gestalten. Drei Jahre nach der Pensionierung Igerls ging auch Steinbichler in den Ruhestand. Sein Nachfolger wurde ein gewisser Dr. Wilhelm Wuttke, ein Name, der unschwer erraten läßt, daß der Besitzer desselben nicht aus diesem Lande stammt, dessen Fähnlein weiß und blau ist.

Obwohl dieser immer wieder betonte, daß er nun schon 10 Jahre in Bayern wohne und überdies, ausgestattet mit einer Großmutter mütterlicherseits aus Schweinfurt, eigentlich auch schon ein richtiger Bayer wäre, änderten sich doch einige Sitten in der Firma recht schnell. Herr Wuttke organisierte eine recht exklusive Faschingsfeier, von der auch später noch die Rede sein wird. Und der Betriebsausflug, der bis dato immer ins nahegelegene Isartal geführt hatte, ging im ersten Jahr des Amtswechsels an den Gardasee, wobei als reine Badezeit lediglich eine halbe Stunde übrigblieb, da man die meiste Zeit im Bus verbrachte. Bei dieser Gelegenheit kündigte Dr. Wuttke eine ganz besondere Weihnachtsfeier an; diese wären, so sagte er, seine besondere Spezialität. Rechtzeitig am dritten November setzte er sich dann mit seiner Sekretärin, dem Fräulein Gögelein, zusammen, um das Programm bis ins letzte „i-Tüpfelchen" zu besprechen, gemäß seinem Lieblingsmotto „Gegen alles ist gefeit, wer stets plant zur rechten Zeit".

„Also, Fräulein Gögelein, ist jetzt alles klar für unsere Adventsfeier? Sie wissen ja, wir können uns da nicht blamieren! Wo wir doch heuer unsere ganze Vorstandschaft dahaben! Die Direktoren verschiedener Banken haben zugesagt, und der Herr Staatssekretär will auch kommen. Sie wissen, ich habe da einen besonderen Ehrgeiz bei Festen. Von unserem diesjährigen Faschingsfest sprechen die Leute heute noch."

„Da haben sie recht", stimmte die Gögelein zu, „der Herr Abgeordnete Zimmerle hat, wie er die Zusage gegeben hat, gesagt, hoffentlich wird es genauso lustig wie damals im Fasching!" „Was", fragte Wuttke erstaunt, „der Zimmerle kommt auch noch? Aber von lustig kann doch dieses Mal nicht die Rede sein. Dieses Mal müssen wir ja ‚auf besinnlich' machen. Sie wissen doch Advents- und Weihnachts-Pipapo. Wobei wir ja auch auf das heitere Moment nicht verzichten wollen. Wir haben ja schließlich auch die lustigen Oberpframmerer wieder dabei, die im Fasching die G'stanzl gesungen haben."

„Ui ja, ich weiß noch", versicherte die Gögelein, „da warn Sachen dabei, hi, hi, hi, ganz schön scharf, aber lustig. Und die singen auch wieder zum Advent?" „Ja, ja, aber natürlich etwas Weihnachtliches", versicherte Wuttke. Im übrigen haben wir auch noch den Weikertshofener Dreigesang dabei. Übrigens waren die ja auch im Fasching dabei. Damals sind sie allerdings als die Bierstößler aufgetreten." „Ja, ja, die wo immer die politischen Sachen gesungen haben, wo dann der Abgeordnete Weininger so sauer geschaut hat, und die singen jetzt auch? Was wird denn der Herr Staatssekretär dazu sagen, wenn die wieder..."

„Wo denken Sie denn hin?" tröstete sie Wuttke. „Die singen natürlich ganz etwas anderes. Diese urigen Burschen sind ja wandlungsfähig. Ich habe sie selbst schon bei den verschiedensten Anlässen erlebt. Sie werden sehen, wie die auch gemütvoll sein können. Beim großen Adventssingen im Fernsehen haben die an die Volksseele gerührt. Wenn man neben der Einschaltquote auch die Rührungsquote ermitteln würde, wären die ganz vorn. Wo die Weikertshofener den Andachtsjodler singen, bleibt kein Auge trocken, das kann ich Ihnen versprechen."

„Jetzt sagen Sie bloß, Herr Dr. Wuttke", unterbrach ihn die Gögelein, „daß der Stefan Plotz auch dabei ist, der wo mit den Bierstößlern die Szenen gebracht hat. Der hat vielleicht eine Stimmung reingebracht. Wissen Sie noch, wie er die Szene in der

Striptease-Bar mit der Lulu gespielt hat, wegen der der Herr Direktor Süßig solche Stielaugen gekriegt hat und seine Frau so bös geschaut hat, daß er dann früher gegangen ist?" „Natürlich ist er auch dabei und die Lulu, die Gisi, ist auch von der Partie als Engel. Ganz dezent, versteht sich. Sie werden sehen, bei uns geht es natürlich auch besinnlich zu."

In diesem Augenblick läutete das Telefon. „Der Herr von Seidele hat angerufen", berichtete Fräulein Gögelein Herrn Wuttke. „Er hat auch gesagt, daß es heuer beim Fasching so lustig war und daß er auch zur Adventsfeier kommt."

„Da sehen Sie, daß ich recht hatte", bemerkte die Gögelein. „Er hat auch gesagt, er hofft, daß es wieder so zünftig wird wie zum Fasching."

„Fräulein Gögelein, ich habe Ihnen doch schon gesagt, Advent ist Advent und Fasching ist Fasching. Aber der Plotz als Nikolaus wird schon seine Show abziehen. Er hat mir versprochen, daß er da was Tolles „draufhat". So eine Bauchredner-Nummer. Und die Gisi kann als Engel auch ganz schön sexy aussehen. Sie kennen ja die Darstellung der kleinen Barockengelchen, Fräulein Gögelein. Ha, ha, ha, ha. Und mit den Bierstößlern kann ich ja reden, die werden ja sowieso ein wenig Winter-Touch mit reinbringen. Also, Sie müssen sich im klaren sein, daß der Hauptakzent unserer Veranstaltung auf Besinnlichkeit liegt. Das wird auch in der Dekoration des Saales deutlich werden. Ist mit der Dekoration im übrigen auch alles klar?"

„Ja, ja, selbstverständlich", beruhigte ihn die Gögelein. „Der Saal ist zwar schon für Silvester hergerichtet, aber wir haben doch den großen, schönen Christbaum mit den echten Wachskerzen."

„Genau das ist es, was ich meine", stellte Wuttke fest. „Der Baum bringt eben die besinnlichen und feierlichen Elemente in den Abend. Wo soll er denn im übrigen stehen? Passen Sie auf, daß er sich nicht in der Mitte des Saales befindet. Was meinen Sie, was da los ist, wenn die Bierstößler zum Tanz aufspielen. Da stoßen die Leute ja ständig dran, wenn's heiß hergeht, bei heißen Rhythmen. Und dann fällt der Baum womöglich noch um, mit den brennenden Kerzen. Stellen Sie sich das mal vor, Gögelein, was da passieren könnte. Nee, nee, Gögelein, das Ding muß raus. Rufen Sie gleich mal an. Außerdem haben wir noch genügend Besinnliches drin an dem Abend.

Da kommt doch garantiert noch dieser Dingsda, dieser Dichter, der bei euch immer diese Weihnachtsfeiern da gemacht hat. Diese Lesung steht natürlich im Mittelpunkt. Ich will ja nicht mit den alten Traditionen brechen. Denn um diese Lesung und die adventlichen Worte soll sich ja das ganze Programm eigentlich herumranken, sozusagen Beiwerk sein. Im Mittelpunkt steht selbstverständlich traditionsgemäß die Lesung von diesem Herrn, äh, wie heißt er doch?"

„Igerl", meinte die Gögelein, „Alfons Igerl. Der Herr Igerl ist bei uns immer der Mittelpunkt gewesen. Da haben Sie schon recht. Und alle Betriebsangehörigen haben natürlich gemeint, daß Herr Igerl auch dieses Jahr wieder die Lesung machen soll. Sie werden sehen, das macht er wirklich sehr schön, sehr besinnlich. Ja, aber gut, Herr Doktor, daß Sie mir das sagen, der Igerl sitzt ja schon seit einer Stunde im Vorzimmer und wollte mit Ihnen das Programm besprechen. Ich habe ihn ja auf Ihren ausdrücklichen Wunsch hierher bestellt. Soll ich ihn gleich hereinrufen?"

„Igerl ist schon draußen? Ja, um Gottes Willen, natürlich, Gögelein, rufen Sie ihn herein!"

Alfons Igerl betrat das Büro und schaute sich recht bedächtig um. Dann ging er auf Wuttke zu und stellte sich vor: „Igerl ist mein Name. Vielleicht haben Sie schon von mir gehört. Ich habe jahrelang..."

„Weiß ich doch, weiß ich doch, Herr Igerl", unterbrach ihn Wuttke, „weiß ich doch. Ich habe ja schon viel von Ihnen gehört. Außerdem haben wir doch miteinander telefoniert. Gut, daß Sie da sind. Sie sollen ja wie jedes Jahr das Kernstück unseres Adventsabends werden. Dieses Jahr soll unsere Weihnachts- und Adventsfeier noch größer und schöner werden als alle Jahre zuvor. Ich habe da einen Slogan: Zeige mir, wie er Feste feiert, und ich sage euch, in welcher Firma er ist. Ich hoffe, Herr Hängerl, Sie sind sich ihrer Verantwortung bewußt, denn Sie sind somit ja auch irgendwie das Aushängeschild unserer Firma."

„Da brauchen Sie sich nichts zu denken, Herr Wuttke", meinte Igerl, „sehen Sie, ich habe ja schon seit Jahren, vielleicht hat man das Ihnen erzählt..."

„Ja, ja", pflichtete die Gögelein etwas liebedienerisch bei, „der Herr Igerl macht das schon. Sie werden sehen, Herr Direktor."

„Gut, gut, das glaube ich Ihnen, Sie sind mir ja von allen empfohlen worden", besänftigte Wuttke. „Deswegen sind Sie ja auch hier, und jetzt wollen wir gleich in die vollen gehen. Wie haben Sie sich denn den Lauf des Abends vorgestellt?"

„Ja, mei", begann Igerl, „ich werde halt meine Alt-Neuhauser Weihnacht vorlesen, die ich selber verfaßt habe."

„Alt-Neuhauser Weihnacht", fuhr Wuttke dazwischen, „wie lang ist denn das Opus? Wir haben sie nämlich zwischen der Hauptmahlzeit und dem Dessert eingeplant."

„Die Alt-Neuhauser Weihnacht", meinte Igerl, „ja, die dauert eine gute Stunde, aber ohne Gesang halt."

„Was?" unterbrach ihn Wuttke. „Eine Stunde, um Himmels Willen, Herr Igerle. Ne, ne, so lange kann die Küche mit dem Dessert nicht warten. Haben Sie denn nicht etwas Kürzeres? Aber schon was Besinnliches natürlich, das zum Stil des Abends passen muß."

Igerl überlegte: „Ja, ich könnte Ihnen vielleicht meinen Bogenhausener Advent vortragen, der wäre schon ein wenig kürzer."

„Ja, und wie lang ist denn diese Story?" wollte Wuttke wissen.

„Also, wenn ich mich ein wenig schickten tät…", überlegte Igerl, „so runde 33 bis 34 Minuten."

Wuttke sprang von seinem Sitz auf. „33 Minuten? Mensch, Mann Igel, wo denken Sie denn hin? Wissen Sie denn nicht, daß es in der Küche keinen Stau geben darf? Nach dem Dessert kommt schließlich noch der Punsch mit echtem Christstollen und Plätzchen. Ja und später gibt es auch noch echte Weißwürste. Wir sind ja hier in Bayern, und dann ist das ja Tradition. Mensch, Igel, Sie werden doch was Kürzeres haben. In der Kürze liegt die Würze, Sie kennen doch das Sprichwort. Ist übrigens mein Leib- und Magenmotto."

Igerl schaute betreten. „Ja, dann hätte ich halt noch meine Haidhausener Herbergssuche. Die wäre natürlich noch etwas kürzer. Wenn ich die Einleitung weglassen tät'…"

„Sehen Sie, Herr Heigl", meinte Wuttke jetzt in freundlichem Ton, „jetzt kommen wir der Sache schon etwas näher. Natürlich ohne Einleitung. Wir gehen gleich in die vollen. Und wie lange dauert dann das Geschichtchen?"

„Ohne Einleitung?" fragte Igerl nochmals zurück. „Ja, ohne Einleitung so ungefähr eine Viertelstunde halt, mehr nicht."

„15 Minuten, nicht mehr ist gut", polterte Wuttke wieder los. „Mensch, Mann, Hegele, habe ich Ihnen gesagt, daß wir auch noch eine Tombola haben? Bis die Leute ihre Preise haben und so… Übrigens, tolle Preise heuer. Stellen Sie sich vor, als 1. Preis eine vierzehntägige Reise nach Thailand mit allem Pipapo. Ha, ha, ha, ha. Sie verstehen. Sagen Sie mal, wenn Sie schon auf die Einleitung verzichten können, wie wär es dann, wenn Sie den Mittelteil weglassen und vielleicht sofort auf den Schluß übergehen?"

Igerl wußte nicht mehr, wie ihm geschah: „Na also, wissen Sie, ich habe ja bloß…", jammerte er.

„Jetzt geben Sie mal ihrem Herzen einen Stoß, guter Mann", redete Wuttke auf ihn ein und klopfte ihm dabei auf die Schulter. „Denken Sie an das Dessert. Bratapfel mit Marzipanfüllung in heißer Vanillesoße. Wir können doch die Bratäpfel schließlich nicht kalt servieren. Das würde ja die ganze Adventsstimmung kaputtschlagen. Na, geben Sie sich einen Stoß. Wie heißt denn Ihr Schluß eigentlich?"

Igerl kramte in seinem Manuskript herum und las dann vor:

„Paßts auf, daß des net aa noch heut'
in unsre Tag, in unsrer Zeit,
vielleicht in unsrer Näh passiert,
und daß bei uns net aa kalt wird
dene da draußen vor der Tür.
Und deswegen, Leut, habts a Gspür,
und laßts, sollts oamal soweit sei,
die andern vor der Tür drauß nei."

Da sprang Wuttke begeistert auf, klatschte in die Hände und schlug ihm auf die Schulter: „Bravo, Igerl, vorzüglich. Das ist genau das, was wir brauchen. Das ist genial. Erstens haben wir genau den besinnlichen Touch und zweitens ist es eine großartige Überleitung. Wie war das? Passen wir auf, daß es nicht kalt wird, und deswegen lassen wir sie schnell herein. Mann, Igerl, das paßt genau auf das Dessert. Die Bratäpfel usw. Jetzt sind wir soweit. Der Adventsabend kann beginnen. Wie heißt das Sprichwort noch auf Wilhelm Wuttke angewandt? Wo ein Wilhelm ist, da ist auch ein Weg. Ha, ha, ha."

Wilhelm Wuttke hatte allerdings nicht bedacht, daß es auch noch einen anderen Spruch gab, der da heißt: „Denn erstens kommt es anders, als zweitens man denkt."

Die Weihnachtsfeier ging nämlich wie gehabt über die Bühne, ja sogar unter der Leitung von Steinbichler, der selbstverständlich Alfons Igerl in gewohnter Weise mit seiner Adventlesung in den Mittelpunkt stellte. Steinbichler war kurzfristig aus seiner Pensionierung zurückgeholt worden, weil Dr. Wilhelm Wuttke der Firma zugunsten höherer Aufgaben den Rücken kehrte. Er bekam nämlich im Münchener Kulturreferat eine Führungsposition und betreut nunmehr die Abteilung zur Pflege und Aufrechterhaltung bayerischen Brauchtums.

Weihnachtsfeier

Weil ma christlich san, gibts heuer
wieder unser Weihnachtsfeier.
Freibier und der Sekt san gratis,
eßn konn ma, bis ma satt is.
Und beim Nikolaus gibts nacha
allerweil an Haufa z'lacha.
Der verzählt dir Witz, da wo
i sogar no rot werdn ko.
Dann de Tombola mit Preise
ganz gewaltige, a Reise
gar nach Thailand is dabei.
Warns scho dort? Des lohnt se fei.
Nachher spuit a Tanzkapelle
heiße Musi und a schnelle,
wo i rumhupf mit meinm Ranzn,
bloß der Christbaum stört beim Tanzn.
Richtig zünftig gehts no zua,
bis um zwoa, drei in der Fruah.
Feierlich werd Schluß gemacht
mit dem Liede „Stille Nacht".
Jedes Jahr da is a neuer
Höhepunkt der Weihnachtsfeier,
wenns so würdig is und schee.
Humpa, humpa, tätarä!

Advent des Iglinger Viergesangs

Um viere scho
Adventsfeier wo,
dann schnell nei in Karrn,
nach Gilching nausgfahrn,
da is nämlich heuer
vom Konsumverein d'Feier.
Kurz auftretn bis siebn,
is a Stünderl no bliebn
zum Nausfahrn nach Zell,
von da wieder schnell
zum Postler-Advent,
nach Buch weitergrennt.
Um Viertel nach neune
in d'Stadt wieder eine
für a halbs Stünderl dann.
Und z'letzt nach Freimann
auße no grennt,
damit ma am End
aa des no hibringa,
de Leutl vorz'singa
Liader a paar
von der *staadn* Zeit,
de jetzt waar.

Die Weihnachtslesung

Über Beschäftigungsmangel konnte sich die bayerische Poetengilde der Federfuchser eigentlich nicht beklagen, erst recht nicht in jener Zeit, die man absurderweise die staade Zeit nennt, denn es gab wohl keinen Abend zwischen dem ersten und letzten Adventssonntag, wo die Federfuchser nicht in geballter Ladung, in kleineren Grüppchen oder einzeln in München und Umgebung aufgetreten wären und meist zusammen mit irgendwelchen Volksmusikgruppen ihren weißblauen Senf für diese Jahreszeit abgegeben hätten. Die Entlohnung für diese adventliche Besinnung war allerdings eine recht unterschiedliche. Manche taten es einfach für einen guten Zweck und lasen in Altersheimen für ein paar Tas-

sen Punsch und Lebkuchen. Andere wieder hatten gute Beziehungen zu dieser oder jener Partei. Und welche Partei kann es sich schon leisten, in diesen Tagen keinen Hoagascht zu gestalten? Dann fiel das Salär etwas höher aus.

Das ganz große Geschäft war diese Art von Lesung freilich nicht. Das machen bekanntlich nur jene, die das Glück haben, von einem großen Unternehmen oder einem Fußballverein zu einer „Weihnachtsgala" eingeladen zu werden, die mit Weihnachten allerdings oft wenig zu tun hat. Und doch gab es in München eine Veranstaltung, die von der LMK getragen wurde, einer Gesellschaft, die einen bedeutenden Jahresumsatz verzeichnete. Bei der wären die Federfuchser gerne dabei gewesen, denn da schaute für die Poeten tatsächlich was raus. Aber just dort lasen seit Jahr und Tag die Konkurrenz-Literaten der Federfuchser, die Weiß-Bleistifte. Dieser Umstand ließ den rührigen Präsidenten der Federfuchser, Wilhelm Kurz, nicht ruhen, und als er herausgefunden hatte, daß seine Frau und die eines Vorstandsmitglieds der LMK Schulfreundinnen gewesen waren, hatte er gewonnenes Spiel. Voll Stolz kündigte er in der Federfuchser-Versammlung an, daß es ihm gelungen sei, für den diesjährigen Adventsabend die begehrte Lesung bei der LMK an sich bzw. die Federfuchser-Gilde zu reißen. Unter dem Jubel seiner Mitliteraten tat er dies kund und meinte vorwärtsschauend: „Liebe Mitschreiber, der erste Schritt ist uns Gott sei Dank gelungen. Wir wollen aber auch in Zukunft alles daransetzen, daß es zu einer festen Einrichtung wird, bei der LMK die Federfuchser im

Advent lesen zu lassen. Aus diesem Grund wollen wir heute, obwohl es erst September ist, unsere Vorplanung treffen. Ihr wißt, zwei Stunden adventliche, weihnachtliche Beiträge, das ist gar nicht so leicht. Hat jemand einen diskutablen Vorschlag?"

Karl-Ottokar Liebenau meldete sich und meinte: „Für Weihnachten gibt's keinen bessern als unseren Ado Schlupf, der ist aber heute leider nicht da. Ich bin aber überzeugt, der würde uns seine eigene Dichtung ‚Die Heilsnacht' vorlesen, mit der er doch die ganze Adventszeit unterwegs ist. Ich habe ihn selber einmal im Ettlinger Adventssingen erlebt. Dem Schlupf seine Heilsnacht geht einem wesentlich mehr ans Gemüt als die Heilige Nacht von Thoma." Zustimmendes Gemurmel der anderen Federfuchser.

„Ja, ich weiß nicht so recht", reagierte Wilhelm Kurz auf den Vorschlag Liebenaus. „Ich weiß zwar, daß der Schlupf mit seiner Heilsnacht sehr stark ans Gemüt rührt, aber, meine lieben Poeten, ich muß euch darauf aufmerksam machen, dieses Mal sind wir in einer kunterbunten Runde, und ich denke, da sind garantiert ein paar dabei, die sich aus der christlichen Glaubensverkündigung absolut nichts machen, und da müssen wir halt sehr vorsichtig sein, daß wir nicht ins Fettnäpfchen treten und zum Schluß nächstes Jahr dann doch wieder die Konkurrenz geholt wird. Heilsnacht, wißt Ihr, das klingt doch sehr stark christlich, äh, könnten wir da nicht... Ihr wißt ja, wenn zum Beispiel einige Andersgläubige bzw. einige da sind, die überhaupt nichts glauben."

„Macht nix", unterbrach ihn Liebenau, „der Schlupf glaubt ja auch nix, das ist ein erklärter Atheist, der macht es halt so, weil es Tradition ist und weil es gut ankommt. Wir wissen doch selber, was da um diese Zeit für ein Bedarf ist, und den deckt der Schlupf mit seiner Heilsnacht glänzend ab." „Weiß ich doch, weiß ich doch", meinte Wilhelm Kurz, „und trotzdem, Freunde, denkt an die Pluralität an diesem Abend, das können wir uns nicht leisten. Vor allem, wer weiß denn von der LMK schon, daß der Schlupf weltanschaulich so gelagert ist, und selbst wenn wir es vorher bekanntgeben würden, dann wären eben wieder welche da, die trotzdem was glauben, und da würden wir vielleicht bei denen anecken. Nein, nein, Freunde, wir müssen uns etwas Neutrales einfallen lassen."

„Eh, wie wär's denn", meldete sich jetzt Leonhard Sommerer, von Hauptberuf Tierarzt, „wie wär's denn, wenn wir von der Weihnachtsbotschaft den Begriff Frieden herausnähmen, rein säkularisiert, versteht sich, damit wir keinen Anstoß bei Andersgläubigen erregen. Ich hätte da in meinem Bändchen ,So ist's recht' ein paar recht nette Friedensgedichte." Wilhelm Kurz schüttelte den Kopf: „Nein, nein, das geht nicht, das Wort Frieden ist zur Zeit zu emotionsgeladen. Denkt an die Friedensbewegungen und die Abrüstungsgespräche. Der eine hat die Vorstellung vom Frieden, der andere jene. Da könnte es zu den größten Meinungsverschiedenheiten über den Frieden kommen, und über kurz oder lang hätten wir den schönsten Streit, um Gottes Willen, das geht nicht."

„Ja, und wenn", schlug Bibi Brensel vor, „wenn wir den Gedanken der Herbergssuche aufgreifen würden und ein bisserl modern über das Thema Flüchtlinge, Heimatlose und Obdachlose in unserer Zeit nachdächten? Ich hätte da eine Geschichte, die vor kurzer Zeit in der Oberbayrischen Zeitung als Lokalspitze erschienen ist." „Deine Lokalspitze in allen Ehren, lieber Bibi", entgegnete ihm Wilhelm Kurz, „aber in diesem Kreis rate ich tunlichst ab, von solchen brisanten Dingen zu sprechen. Gerade in dieser Problematik liegt eine Menge Zündstoff. Denkt amal nur über die Asylantensache nach. Wissen wir, wie die LMK-Leute darüber denken? Und zum Schluß kommen wir auch noch auf das Gastarbeiter-Problem usw. zu sprechen. Nein, bitte nicht in diesem Kreis. Da müssen wir viel vorsichtiger sein."

„I hab's", meldete sich jetzt Walter Klopfer, „ich hab' eine Nikolausgeschichte, und die paßt für diese Zeit immer und überall. Ihr kennt's ja, da wo der kleine Fritz draufkommt, daß der Nikolaus in Wirklichkeit sein Onkel ist. Er hat ihn nämlich an den Löchern in seinen Socken erkannt. Das gibt immer eine Mordsgaudi, wenn ich das vorles'." „Ja, das stimmt", pflichtete ihm Liebenau bei, „die Geschichte kommt immer gut an." „Weiß ich doch, weiß ich doch", erklärte Wilhelm Kurz, „aber doch nicht bei der LMK. Weißt du, lieber Walter, nix gegen diese Geschichte, aber da ist mir einfach für diesen Kreis zuviel autoritärer Führungsstil drinnen. Und ich weiß, wir haben bei den LMK-Leuten ein paar moderne Pädagogen und Psychologen dabei, die würden uns das nicht wenig übelnehmen, wenn wir eine so repressive Nikolausgeschichte reinbrächten."

„Ich hab's", rief der greise Franz Plattner, „ich hab's. Ich könnte die Geschichte vom Tannenbaum vorlesen, wie der draußen gestanden ist, mitten im kalten Winterwald. Wie man ihn als Christbaum in die warme gute Stube hereingebracht und wieviel Glück und Seligkeit er den Kindern gespendet hat." „Ja net, ja net", schrie Liebenau dazwischen, „da würden wir uns auf ein schönes Glatteis begeben. Habt ihr denn nicht mitbekommen, was das heuer für ein Theater war, mit der Aufstellung des Münchner Christbaums, wo die Umweltschützer und die Grünen dagegen protestiert haben, daß man weiterhin Christbäume abschneidet, jetzt in der Zeit des Waldsterbens. Das Thema Christbaum und Baum im besonderen ist zur Zeit nur mit Vorsicht zu genießen."

„Dann schreibe ich halt etwas über einen Plastik-Christbaum. Wie lang haben wir denn noch Zeit bis zu der Lesung? Das müßte doch zu machen sein", meinte der stets schreibbereite Alfred Seibert. „Plastik ist genauso problematisch", fuhr wiederum Liebenau dazwischen, „da sind wir über kurz oder lang bei der Chemie, und da gibt's sicher unterschiedliche Meinungen bei den LMKlern."

„Und wenn ich aus meinem Band ‚Nun sehet den Stern' etwas…" Bevor Herbert Höpfle seinen Vorschlag zu Ende bringen konnte, rief Kurz: „Um Gottes Willen, lieber Herbert, nein, nein, und nochmal nein. Denk doch mal: ‚Stern': Du weißt doch, wie dieser Begriff kontaminiert ist. Ich sage nur ‚SDI, Krieg der Sterne'. Unmöglich, das Wort ‚Stern' können wir zur Zeit unmöglich verwenden."

„Also, wenn i des siehg, kann euch bloß no i aus der Patsche – Entschuldigung, des ist ja net bayrisch – aus dem Schlamassel helfen", erklärte selbstbewußt Jakob Jeremias Schneck. „Ich könnt' fast den ganzen Abend gestalten, indem ich Bauernsprüche aus meiner Spruchsammlung ‚Hannerl mit'm Pfannerl', gerade erschienen im Moritz-Verlag für 19 Mark 80, vorlies. Ha, ha, ha: ‚Fällt er arschlings in den Schnee, tut dem Knecht der Hintern weh.' Hi, hi, hi. Und denselben Spruch gibt's im Bereich von Klettham in einer gewissen Abwandlung. Und jetzt bitte ich die Damen wegzuhören, ach so, wir haben ja gar keine Damen. ‚Fällt die Bäuerin in den Harsch, hält sie ganz entsetzt den... Mund.' Hi, hi, hi. Ja, was habt's denn Ihr denkt?"

„Ja, wirklich sehr originell, lieber Freund Schneck", unterbrach ihn der Altpräsident Franz Specht, „wirklich sehr originell, aber unter der derzeitigen Konstellation würde ich dringend von Bauernsprüchen abraten. Sie wissen doch, welch leidiges Problem zur Zeit die Agrarpolitik ist. Ein falsches Wort, oder auch nur ein Mißverständnis, von der einen oder anderen Seite, nein, nein, da könnt's leicht sein, daß wir ein ganz entsetzliches Eigentor schießen. Ich warne ganz entschieden."
„Ja, hm", meinte Schneck, „ich könnte ja auch noch mit was anderem dienen. In meinem Buch ‚Rund um die Winterzeit' habe ich eine ganze Menge von

Bräuchen geschildert, die man bei uns früher und zum Teil auch heute noch in der Familie pflegt."

„Sehr gut", mischte sich jetzt auch Specht ein, „da hätte ich auch was anzubieten, eine sehr lustige Geschichte über das gemeinsame Platzlbacken." Auch Leonhard Sommerer hatte natürlich ein Gedicht parat über die gemütvolle Stimmung an Winterabenden, wo ein Bratapfel im Rohr schmort und man im Familienkreis bei dem selbstzubereiteten Kletzenbrot Geschichten erzählt und Lieder singt. Aber auch dieser Vorschlag mißfiel Wilhelm Kurz. Er hätte ja grundsätzlich nichts gegen Kletzenbrot und Bratäpfel, aber das ganze Drumherum wäre etwas problematisch, denn es sei ein mehr als großes Risiko, von einer heilen Familiensituation auszugehen, wo man doch ganz genau wisse, daß die normale Familie auch bei uns schön langsam etwas Unnormales geworden wäre. Wenn man bloß der nüchternen Statistik folgen würde, könnte man leicht ausrechnen, wie wenige der anwesenden LMKler noch eine solche Familienatmosphäre zu Hause hätten, wie sie in diesen Geschichten geschildert würde. Und deswegen rate er dringend ab, denn gerade im emotionalen Bereich könne man sehr stark ins Fettnäpfchen treten. „Ich darf euch, liebe Freunde", erklärte er mit eindringlicher Stimme, „nochmals daran erinnern, daß für unsere Weihnachtslesung die Pluralität oberstes Gebot sein muß. Ich glaube", fuhr er fort, „wir stimmen darin überein, daß wir ein Thema finden müssen, das keinerlei Anstoß bietet, weil alle darin übereinstimmen."

„Ja, aber in was stimmen wir denn überhaupt noch überein?" fragte Franz Eisele, der bisher geschwiegen hatte, dazwischen. „Ist es nicht so, daß wir nur mehr in einem übereinstimmen, in der Tatsache nämlich, daß wir in nichts mehr übereinstimmen? Müßten wir dann nicht konsequenterweise", philosophierte er weiter, „an diesem Weihnachtsabend über nichts lesen, weil das Nichts sich jetzt als kleinster gemeinsamer Nenner der Übereinstimmung herausgestellt hat?" „Nichts da", fuhr ihn Wilhelm Kurz an, „nichts da, das Nichts ist kein Thema. Was meint Ihr, was die LMK da sagen wird, wenn wir über nichts anderes mehr als das Nichts reden würden. Und unsere literarische Konkurrenz würde sich freuen wie die Schneekönige."

Das Wort Könige war natürlich ein Reizwort für den Monarchisten Sebastian Hollmeier, der spontan vorschlug, über einige winterliche Begebenheiten am bayerischen Königshof zu berichten. Der Vorschlag wurde aber sofort aus politischen Gründen zurückgewiesen, da man davon ausgehen müsse, daß die einzelnen LMKler die verschiedensten Vorstellungen über Staatsformen hätten. „Ganz schön schwierig", murmelte der Altpräsident Specht. Da zeigte sich ein Leuchten auf dem Gesicht von Wilhelm Kurz. „Was haben Sie gesagt, lieber Altpräsident?" meinte er. „Ganz schön. Ganz... Moment, das wäre eine Möglichkeit. Ich hab' da eine wunderschöne Geschichte über die Weihnachtsgans geschrieben, die immer gut ankommt." Nun ging ein Aufatmen durch die Federfuchserschar, und jeder entdeckte, daß er auch einen Beitrag hatte, in dem der Gansbraten eine Rolle spielte. Der Abend war gerettet. Im nächsten Jahr erhielten aber die Federfuchser dennoch keine neue Einladung bei den LMKlern. Wilhelm Kurz hatte bei seinen Erkundigungen ganz vergessen, daß der LMK-Vorstand gleichzeitig Vorsitzender des Tierschutzvereins und des Vegetarierbundes ist.

De staade Musi

Im Hintergrund staade Stubenmusi.

Sagerer: Schee, gell!

Hierl: Was sagns?

Sagerer: Schee, gell, hab i gsagt.

Hierl: Schnee? Es schneibt doch gar net, obwohls längst an der Zeit waar. Vor Weihnachtn ghört einfach a Schnee her.

Sagerer: I hab aber net Schnee gsagt, sondern schee, schön, verstengas?

Hierl: Ah so. Ja wissns, ma versteht halt da herin so schlecht was, bei dem Lärmpegel. Und no dazua hams a schlechte Akustik.

Sagerer: Was is lustig?

Hierl: Akustik hab i gsagt.

Sagerer: Ah so. Ah mei, bei dene vuin Leut und dem Rauch da herin. Ma siehgt ja net amal sei eigens Wort. Mei, de schlechte Luft. Mia deans richtig leid, de junga Leut da vorn.

Hierl: Ja, ja, nette junge Leut. Da siegt ma halt amal wieder, daß unser Jugend besser is wia ihr Ruf.

Sagerer: Ganz richtig. Mia warn aa net besser seinerzeit.

Hierl: Ha, ha, da habns recht.

Sagerer: Wenn i da drodenk, was mia alls ogstellt habn in unserer Jugend. Hi, hi.

Hierl: Mia samma aa ohne de Sexualerziehung draufkemma, gell.

Sagerer: Da habns recht.`

Hierl: Aber Sprüch habn de Junga heut drauf, des muaß ma sagn. De waarn uns net eigfalln. Sagt da net oaner neulich: „Liaber Bier ozapfn wia Tannenzapfn." Ha, ha.
Aber der is aa guat:
„Lieber mit der Chefsekretärin Ski fahrn, wia wenn der Chef mit mir Schlittn fahrt." Hi, hi, hi.

Sagerer: Oder, weil Sie grad vom Winter redn: „Lieber a heiße Adresse wiara kalte Bude." Ha, ha.

Hierl: Sie, weil Sie grad vom Winter redn, warn Sie eigentlich heuer wieder als Nikolaus bei Eahnare Neffen?

Sagerer: Bei de Neffn scho, aber net als Nikolaus. Wiar i nämlich oiwei als Nikolaus verkleidet higanga bin, hams jedsmal gschrian: Ui, da kommt der Onkel Hermann mit am Nikolausgwand.

Hierl: Des is ja echt frustrierend, wia ma heut so schee sagt. Und deswegn sans nimmer higanga?

Sagerer: Da kennas mi aber schlecht. Natürli bin i wieder hi. I bin ja eahna Taufpat. Aber desmal hab i bloß mein normalen Trachtnanzug ozogn. Ohne Bart und Bischofsmützn usw.

Hierl: Ja so was. Und wia habn dann eahnare Neffn reagiert?

Sagerer: Wißns, was de gesagt habn?

82

„Ja so was, da kommt der Nikolaus. Der hat se heuer als Onkel Hermann ozogn." Ha, ha, ha.

Beide lachen lauthals. De staade Musi hört auf.

Sagerer: Ah geh, jetzt hat de Stubnmusi zum spuin aufghört. Schad!

Hierl: A so a staade Musi um de Adventszeit rum is scho was Schöns. Da geht oam richtig as Herz auf.

Sagerer: Ganz richtig. Bloß oans ärgert mi oiwei, daß se de Leut bei a so a schöner staadn Musi ständig unterhalten. De habn alle mitanander 's staade Zuhörn verlernt. Hab i net recht?

Der Streit

Hierl: Entschuldigens, Herr Nachbar, Sie singen
da im Refrain immer falsch mit. Das Wort
heißt net Freude, sondern...

Sagerer: Falsch? Wieso falsch? Da täuschens
Ihnen. Ich kenn das Lied genau.

Hierl: Offensichtlich doch net. Sonst daadns ja
net das falsche Wort singen. Sie habn mi
jetzt bei dem schönen Lied direkt drausbracht.

Sagerer: I Eahna drausbracht? Daß i net lach. Sie
habn mi durcheinanderbracht, weil Sie bei
dem Wort Freude immer an Halbton z'ti-
af singa.

Hierl: Grad hab i Eahna gsagt, daß des net Freude hoaßt. Wenns scho a miserable Stimm
habn, na solltns wenigstens a besseres
Gedächtnis habn. Im übrigen is des eine
echte Unverschämtheit, wenn Sie mir
vorwerfa, i daad falsch singa. Ich sing
immerhin in einem Chor.

Sagerer: Sie in am Chor? Da kriag i ja an Lach-
krampf. Sie habn doch a Stimm, wenn ma
des überhaupt so nenna konn, wia a
Giaßkanna, in de wo ma mit am
Gartnschlauch a Wasser neilaufa laßt. Des
mag a schöner Bamperl-Chor sei, wenn
der auf so was wia Sie ogwiesn is.

Hierl: Sie, jetzt reichts mir aber, jetzt langts fei.
Mi könnens ja no ogreifa. Aber daß Sie

auf meinen Chor losgenga, des is eine Unverschämtheit. Des is nämlich ein ganz re-
nommierter Männergesangsverein. Mia
habn sogar schon Aufführungen im Ausland ghabt. Sogar schon in Österreich.

Sagerer: Aufführungen im Ausland? Daß i net
lach. Aufgführt werds euch im Ausland
habn. Des is' alls. Gell, Sie san scho 's
letzte Mal zum Wählen ganga?

Hierl: Natürlich bin i zum Wählen ganga. I geh
immer. Aber was geht denn Sie des o?

Sagerer: Ja mei, weil i mir des glei denkt hab, daß
Sie Eahna Stimm abgebn habn. Ha ha ha!
Im übrigen muaß i Sie drauf aufmerksam
macha, daß ich sehr wohl beurteilen kann,
ob oaner den richtigen Ton trifft oder net.
I spui nämlich in der Lochhausener Stubenmusi, und de is Eahna ja wohl hoffentlich a Begriff.

Hierl: Was, in der Lochhausener Stubenmusi
spuins? Na san Sie also der, der wo oiwei
ausm letztn Loch pfeift. Hä hä hä.

Sagerer: Eahna gib i glei a Loch. Sie A...

*Beide gehen aufeinander los. Ein Herr tritt dazwi-
schen.*

Herr: Also jetzt seien Sie doch friedlich, meine
Herren. Noch dazu jetzt hier beim Ad-
ventssingen. Denken Sie doch an die
Weihnachtsbotschaft.

Hierl: Ja, um de gehts ja grad.

Herr: So, so, und dann raufen und plärren Sie

wie net gscheit. Um was gehts denn eigentlich?

Hierl: Eigentlich um nix anders als wia um a
Wort. Mia habn grad bei dem Adventsliad
da mitgsunga. Und er da hat beim Refrain
oiwei gesunga: Freude den Menschen.
Und jetzt probier i scho de ganze Zeit,
eahm in aller Güte und mit Engelsgeduld
beiz'bringa, daß des net Freude hoaßt,
sondern Friede. Friede – verstengas. Friede den Menschen, Friede hoaßts, Sie Esel!

Igerl und die Freude

„Also, wennst mi fragst", grantelte Alfons Igerl am Stammtisch, „dann werd des von Jahr zu Jahr eher no schlimmer. Zugeh'n tuat's drinnen in der Stadt, als wia wenn alle was gschenkt kriagatn." „Ja mei", grinste der Pfanzelt Maxe, „jetzt is halt de staade Zeit." Igerl aber, der in seinem Grant die feine Ironie des Maxe überhört hatte, polterte los: „Ja, ja, staade Zeit, von wegen staade Zeit. Gehst amal an Marienplatz, des Allerhöchste is ja des, habts des scho ghört, jeden Tag lassns jetzt de staadn Liader und de Stubnmusi am Marienplatz durch'n Lautsprecher schallen. Da langst dir doch glei an Kopf hi, des daad mi scho interessieren, was des wieder für a Hirsch war, dem wo so was eigfalln is", grantelte er weiter.

„Ja, ja, er hat scho recht, der Alfons", pflichtete ihm jetzt auch der Eisenhut Schorsch bei. „Weit her is' wirklich nimmer mit der staaden Zeit. Wenn i da bloß an de ganzen Nikolaus-, Advents- und Weihnachtsfeiern denk. Heutzutag ghörts doch zum guten Ton, daß a jeder Bamberlverein sei eigene Feier abhalt."

„Wenns nur wenigstens gscheite Advents- und Weihnachtsfeiern waarn", pflichtete ihm Alfons Igerl bei. „Aber im Grund sans doch nix anders als wie vorzogene Faschingsfeiern, bloß daß der Christbaum im Raum steht, der dann im Endeffekt lediglich beim Tanzen stört. Also, wenns di so umschaugst, dann wunderst di wirklich", fuhr er etwas sarkastisch fort, „daß se des Christkindl ausgrechnet de hektischste Zeit im Jahr für sei Geburt ausgsuacht hat. Heutzutag, moan i, daß das Heilige Paar wahrscheinlich koa Flucht mehr nach Ägypten machat, sondern allenfalls vor Weihnachten."

Der Pfanzelt Maxe hatte an diesem Abend einen Bekannten mitgebracht, der bei Igerls Adventsklage interessiert zugehört hatte und da und dort beifällig mit dem Kopf nickte. Er stellte sich nun der Runde als Chefredakteur des Bayrischen Sonntagsblattes vor und meinte, zu Igerl gewandt: „Wissen Sie, was Sie da gesagt ham, des war mir richtig aus der Seele gsprochn. Im übrigen hab i scho ghört, daß Sie manchmal ganz nette Gedichte schreiben auf bayrisch. Wie wär's denn, wenns für mei nächste Nummer was schreiben täten, aber in Prosa, über den eigentlichen Sinn vom Advent?"

„I bei Eahna im Sonntagsblatt?" meinte Igerl erstaunt. „Ja, meinen Sie, daß i das überhaupt kann?" „Nach dem, was ich von Ihnen jetzt ghört hab, bin i überzeugt davon", meinte der Herr, der sich als Wolfgang Walter vorgestellt hatte. „Ja aber, was soll i denn da schreiben?" fragte der Igerl nach, wobei unschwer aus seinen Worten herauszulesen war, daß er sich durch den Auftrag sehr geehrt fühlte. „Also, des überlaß ich Ihnen ganz", entgegnete Wolfgang Walter. „Wichtig ist nur, daß ich den Artikel schon übermorgen in der Früh bekomm', weil er sonst nicht mehr in die Adventsnummer reinkommen kann."

Der schriftstellerische Ehrgeiz Alfons Igerls ließ es trotz dieser terminlichen Brisanz nicht zu, das

Angebot abzuschlagen, und er nahm sich vor, am nächsten Tag gleich ganz früh aufzustehen und mit der Arbeit zu beginnen. Er schlief aber doch etwas länger und wachte durch das Schellen des Telefons auf. Oh je, ausgerechnet der alte Lehrer Hofmannseder rief an, bei dem Igerl noch in die Schule gegangen war. Er hatte offensichtlich heute wieder seinen depressiven Tag und mußte einfach mit jemand reden.

Igerl kannte das schon. Es kostete ihn meist eine Stunde Zeit, bis er ihn wieder aufgerichtet hatte. Dieses Mal aber war es ganz besonders schlimm, denn der gute Hofmannseder hatte Geburtstag gehabt, und diesmal hatte ihm keiner seiner ehemaligen Schüler gratuliert. Letztes Jahr waren es wenigstens noch ein paar gewesen, die dem alten, einschichtigen Mann gezeigt hatten, daß er nicht ganz vergessen war. Heuer hatte sogar der Alfons diesen Termin verschwitzt. Aber das ließ sich ja wiedergutmachen. Er wußte doch, wie man den alten Schulmann zu nehmen hatte, und in der Erinnerung schwärmte er ihm halt zum wiederholten Male vor, wie schön es damals bei ihm in der Schule gewesen sei, und daß doch alle, die bei ihm waren, etwas gelernt hätten und etwas geworden seien.

Dann sagte er, von seinem Deutschunterricht zehre er heut noch und die schönen Gedichte, die man bei ihm gelernt habe, haben viel dazu beigetragen, daß ich selber jetzt auch Gedichte schreibe. Wenn's einmal ein kleines Bändchen werden würde, so versprach er, würde er es ihm sogar widmen.

Hofmannseder hängte nach eineinhalb Stunden

glücklich und zufrieden ein, und Igerl rief gleich noch zwei alte Spezeln an, von denen er wußte, daß sie den Hofmannseder auch in der Schule gehabt hatten. „Gratuliert's ihm halt zum Geburtstag, dann gfreit er si", meinte er. Mitten unterm Telefonieren war ihm aber eingefallen, daß er sich schon längst vorgenommen hatte, seinen alten Spezi, den Hoser Hansi anzurufen. Es war doch zu kindisch, daß sie sich wegen dieser kleinen Geschichte vor zwei Jahren nicht mehr gesehen und nicht mehr gesprochen hatten. Aber warum sollte er eigentlich den ersten Schritt unternehmen, wo doch der Hansi diese blöde Bemerkung gemacht hatte, mit dem das Ganze anfing? Aber was soll's. Igerl wählte, weil er nun schon amal beim Telefonieren war, die Hoser-Nummer. Mit ein paar Sätzen war der ganze Streit aus der Welt. Er hatte richtig durchs Telefon gehört, daß dem Hansi ein Stein vom Herzen fiel. „Bin i froh", hat er zum Schluß gesagt, „daß alles wieder in Ordnung ist, jetzt gfreit mi des Leben glei wieder mehrer."

„Um Gott's willen", erschrak er, als er auf die Uhr schaute. Er mußte doch noch schnell das Paket auf der Post abgeben, sonst kommt's womöglich zu spät an, wo doch der Vetter Egon und seine Traudl morgen in Passau ihre goldene Hochzeit feierten. Er sah im Geist schon die Freude in den Augen der alten Leute, wenn sie das Paket öffneten. Nach vielen Laufereien hat er die alte Schallplatte mit der Lieblingsmelodie der beiden endlich auf dem Flohmarkt aufgetrieben. Jetzt pressiert's aber.

Wie er vom Postschalter zurückkommt, sieht er

vor seinem Haus, wie die Frau Wildgruber vom Rückgebäude vergeblich versucht, ihr Auto zu starten. Eigentlich hat er mit ihr nie viel anfangen können. Sie ist ihm immer ein bißchen hochnäsig vorgekommen. Jetzt schaut sie ihn aber so verzweifelt an, daß er nicht anders kann und fragt, ob er helfen könne, wo sie doch ganz dringend nach Gilching müsse, um ihre Heimarbeit abzuliefern. Igerl kannte sich ein wenig bei Autos aus und machte sich daran, den Schaden ausfindig zu machen. Nach einiger Zeit hatte er entdeckt, daß es die Zündkerzen waren. Er baute sie aus und lief an die nächste Tankstelle, um neue zu besorgen. Knapp eine Stunde hatte es gedauert, dann sprang der Wagen wieder an. Die Wildgruberin dankte ihm überschwenglich und drückte ihm sogar ein Bussel auf die Wange. „Eigentlich a ganz a nette Frau", dachte sich der Igerl, als er am frühen Nachmittag wieder seine Wohnung betrat. Ja, um Gott's willen, wie schau i denn aus, rief er, als er seine Gestalt im Spiegel entdeckte. Die Reparatur hatte ihre Spuren hinterlassen, und es blieb nichts anderes übrig, als sich in die Badewanne zu begeben.

Ein furchtbares Geschrei ließ ihn schon nach kurzer Zeit aus seinem Sitzbad hochfahren. Er schaute zum Fenster hinunter. Ja, was war denn das? Der kleine Zlatko und seine Schwester, die Kinder von den Gastarbeitern im Nachbarhaus, stehen auf der Straße und heulen wie die Schloßhunde. Igerl zieht sich schnell an und rennt hinunter. Es ist gar nicht so leicht, aus den Kindern herauszubringen, was ihnen fehlt. Fünf Mark haben sie bei einer

Besorgung verloren. Warum die Kinder nur so scheu sind? Er versucht es mit allen pädagogischen Tricks und schafft es schließlich auch. Sie gehen miteinander einkaufen um fünf Mark oder ein bißl mehr und setzen sich dann zu einer Schlagrahmtorte und einer Tasse Kakao ins Café vom Bäcker Eberl. Dabei erfährt Igerl einiges über die Familie und ihre Probleme. Als die Eltern von der Arbeit zurückkommen, führt Igerl noch ein längeres Gespräch mit ihnen. In ein paar Dingen kann er ihnen sicher ein bisserl helfen. Er kennt ja die andern Leute im Haus recht gut. Ganz glücklich winken sie ihm zum Abschied zu. Es ist fast eine Schande, denkt sich Igerl, jetzt wohnen die Leute schon fast zwei Jahre in unmittelbarer Nachbarschaft, und ich hab sie noch kaum gekannt.

Da fällt ihm brühwarm ein, daß er der alten Dame, die seit ein paar Wochen im 5. Stock wohnt, versprochen hatte, ein paar alte Ganghofer-Romane hinaufzubringen, als sie sich das letzte Mal im Treppenhaus trafen. Wieviel Uhr ist es denn? Halb acht, das könnte gerade noch gehen. Richtig gerührt ist sie, als er läutet. Nein, da kann man natürlich nicht gleich wieder gehen, sondern muß den selbstgemachten Guglhupf noch probieren. Wie gut es doch manchen Leuten tut, erzählen zu dürfen und zu erfahren, daß man ihnen zuhört. Es ist wirklich ganz interessant, was die ehemalige Garderobiere aus ihrer Zeit beim Theater alles zu berichten weiß. Richtig in Schwung ist sie gekommen, als ihr Igerl sagt, daß er vielleicht ein bisserl was von dem, was sie ihm erzählt habe, in eine kleine Geschichte bringen könnte. Mit einem halben Guglhupf kommt er kurz vor Mitternacht in seiner Wohnung an. Ja, und da sieht er das leere Blatt Papier liegen. Es wird da doch nichts werden, mit der Geschichte. Schade. Dabei hatte er sich so eine schöne Überschrift ausgedacht. „Ein bißchen Freude machen ist gar nicht so schwer", sollte die Adventsgeschichte heißen. Aber so sehr er sich bemühte, noch etwas aufs Papier zu bringen, es fällt ihm einfach nichts mehr zu diesem Thema ein. Morgen in der Früh würde er gleich beim Herrn Walter im Sonntagsblatt anrufen und ihm eingestehen, daß er nun doch nichts zustande gebracht habe.

Die staade Zeit

Manchmal mutet es uns ja geradezu grotesk an, wenn wir ausgerechnet in dieser Zeit von der „staaden", der stillen Zeit sprechen. Der Heilige Abend wirft seit Jahren immer längere Schatten vor sich her. Die Wochen des Advents sind weniger Tage der Erwartung, der Vorbereitung und der Stille geworden, sondern sind angefüllt von Geschäftigkeit, Hektik und Hetze. Zu den groteskesten Erscheinungen gehört es, wochenlang die Lieder der staaden Zeit am Münchner Marienplatz durch die Lautsprecher, im wahrsten Sinn des Wortes, erschallen zu lassen. Vielleicht ist das Grelle und Laute geradezu zum Symbol für unsere Zeit geworden. Es scheint fast eine Art Teufelskreis zu sein, der Lärm hat taub gemacht. Je tauber man aber ist, desto mehr meint man schreien zu müssen, um das Ohr noch irgendwie zu erreichen.

Als einzelne werden wir es sicher nicht schaffen, diese laute Welt zu einer „staaden" werden zu lassen, aber wir können versuchen, daß in unsere kleine Welt wieder mehr Stille einkehrt, daß wir in unseren eigenen vier Wänden die größten Lärmquellen abschalten, selber ein wenig abschalten, versuchen, etwas stiller zu werden und ein wenig zu uns zu finden. „Im Schweigen und Alleinsein", sagt Georges Bernanos, „findet man zu sich selber, und durch diese Wahrheit erhält man Zugang zur Wahrheit der anderen."

In der Stille und im Schweigen schöpfen wir auch

erst wieder neue Kraft und finden das rechte Wort. „Das Schweigen ist die Quelle des Redens", sagt Guardini.

Staad werden, das heißt dann auch hinhören auf das andere und den anderen, horchen und Ausschau halten auf etwas hin, was man im lauten Trubel unseres Alltags oft überhört und übersieht. Stille hat auch einen Hauch der Ewigkeit an sich, birgt in sich die Fülle der Ruhe und des Friedens. Sie steht in enger Verbindung mit dem Geheimnisvollen. Wo der Mensch etwas nicht mehr zu fassen vermag, wo er sich vom Unbegreiflichen angesprochen fühlt, da ist er sprachlos, es fehlen ihm die Worte. Saint Exupéry schreibt: „Stille in der Ruhe des Meeres in seiner Fülle. Stille des Menschen, der sich aufstützt und nachdenkt, der fortan ohne Aufwand empfängt. Stille des Herzens, Stille der Sinne, Stille der inneren Worte, denn es ist gut, wenn du Gott wiederfindest, der die Stille im Ewigen ist."

Vielleicht sollten wir in diesen Tagen des Advents, der ja dem Worte nach eine Art Warten auf etwas oder jemand ist, auch Ausschau halten auf etwas, das uns wirklich hilft, den Sinn zu finden, etwas, das trägt, wenn das Laute verstummt und es einmal stille wird.

Auch das könnte ein Sinn der staaden Zeit sein, daß wir wenigstens versuchen, etwas Raum in uns zu schaffen, für etwas anderes als unsere eigenen Interessen und Bedürfnisse, und damit ein wenig freier zu werden für den anderen, frei zu werden, um zu erkennen, wo der andere uns braucht, wo wir ihm helfen müssen, aber auch frei zu werden, um zu erkennen, von wem uns geholfen wird. „Wenn du stille wirst", sagte Goethe, „wird dir geholfen werden."

Vielleicht finden wir doch etwas Zeit zwischen den Weihnachtseinkäufen, beim Adventssingen und den Weihnachtsfeiern, nachzudenken über das Wort von Meister Eckhart: „Das ewige Wort wird nur in der Stille laut."

Fremde und Andere

Wer um die Weihnachtszeit eines der zahlreichen Adventssingen bei uns in Bayern besucht, wird feststellen, daß die sogenannte Herbergssuche darin einen großen Raum einnimmt. In Wort und Lied wird immer wieder verdeutlicht, wie das Heilige Paar auf der Suche nach einer Herberge abgewiesen wurde. Ludwig Thoma hat in seiner ‚Heiligen Nacht' die Frage gestellt, wie es wohl heute wäre, wenn das Heilige Paar wieder zu uns käme und anklopfte. Und irgendwie fühlen wir uns dann auch erinnert an das Wort im Evangelium, daß Gott auf die Welt kam, doch „die Seinigen nahmen ihn nicht auf". Hans Maier hat in seinem Artikel „Den Fremden abholen" darauf hingewiesen, daß die Weihnachtszeit viele Gelegenheiten bietet, darüber nachzudenken, was es heißt, den Fremden abzuholen. Denn auch der auf Erden erschienene Gott ist eigentlich ein Fremder.

Was löst dieses Wort „fremd", „der Fremde" eigentlich bei uns aus? Zunächst einmal eine ganz natürliche Reaktion, das Andersartige be-fremdet in der Regel. Man ist überrascht, vielleicht sogar interessiert, aber in einer gewissen Weise auch zurückhaltend, vorsichtig. Man kennt den andern nicht, man kennt sich nicht aus, man weiß nicht, was einen erwartet.

Das Fremde ist eben nicht das Heimatliche. Es ist uns irgendwie unheimlich. Auch wenn wir es nicht wollen, wehren wir uns teilweise instinktiv und, einmal ganz ehrlich, bei all den schönen Worten und aller Empörung, die wir über die unwirschen Herbergsleute, die so abweisend waren, empfinden, würden wir so bereitwillig einfach die Türe aufsperren, jemand aufnehmen? Wie ist unser Verhältnis zum Fremden? Ja, kann man überhaupt von uns verlangen, daß wir dem Fremden bedingungslos gegenüberstehen? Muß man nicht den auch verstehen, der sich reserviert verhält, der sich zunächst einmal zurückhält? Ist nicht das Verhältnis zum anderen oft dadurch am meisten belastet, daß wir in der Theorie, im Wort, zwar unglaublich offen sind, die Praxis aber anders aussieht, ja manchmal auch ganz anders aussehen muß, denn eine absolute Offenheit ist eben unrealistisch. Da gibt es den schönen Spruch: „Wer nach allen Seiten offen ist, kann nicht ganz dicht sein."

Möglicherweise wird man dem Fremden aber auch gar nicht ganz gerecht, wenn man ihn bedingungslos ans Herz drückt, wenn man alles Fremde automatisch integrieren, sich mit ihm verschmelzen will. Wir haben im Deutschen das schöne Wort „Mit-ein-ander", und da steckt ja dieses Wort, der andere, mit drinnen. Man läßt den anderen auch einmal sein, man verschließt sich ihm gegenüber nicht, ja schließt sich ihm auch auf, aber man läßt ihn in seiner Andersheit sein. Toleranz heißt ja auch nicht, daß man seinen eigenen Standpunkt aufgeben muß, sondern daß man versucht, den andern von seiner Andersartigkeit her zu verstehen. Man versetzt sich in den anderen hinein. Dazu ist freilich notwendig, daß man selber einen Standpunkt hat, sich nicht einfach nur aufgibt.

Das beste Verhältnis zum anderen, zum Fremden, ist nun allemal, daß man versucht, ihn kennenzulernen, überhaupt ins Gespräch kommt, dem anderen auch etwas von seinem Eigenen zeigt, von seiner Kultur, seiner Weltanschauung, aber auch seiner Religion. Miteinander, das bedeutet kein bloßes Mischmasch, kein Unterbuttern, es bedeutet vielmehr ein gewisses Maß an Selbstbewußtsein, sich zu freuen, daß man selber jemand ist. Um tolerant zu sein, muß man sich nicht nur nach der Meinung der anderen richten oder immer schauen, was die anderen von einem denken könnten. Im übrigen wären manche, die immer nur daran denken, was andere von ihnen denken, oft recht überrascht, wenn sie wüßten, wie wenig die anderen über sie nachdenken. Überhaupt ist das beste Verhältnis dem anderen gegenüber wohl das, daß man eben jenes rechte Maß zwischen Distanz und Intimität findet. „Die Distanz", sagt Max Müller, „ist die Voraussetzung der Intimität und die Intimität die Voraussetzung für die Distanz." Es ist weder richtig, sich selbst absolut zu setzen, noch das andere, das Fremde. Man muß sich nicht besser als die anderen vorkommen, muß sich aber auch nicht automatisch als dümmer, minderwertiger ansehen.

Da gibt es den schönen Spruch von Cocteau: „Halte dich immer für dümmer als die anderen – sei es aber nicht!" Hans Maier hat in dem obengenannten Artikel als ein gutes Verhältnis dem Fremden gegenüber den Begriff des Abholens gebraucht. Abholen, das bedeutet, daß man dem anderen, dem Fremden, entgegenkommt, versucht, seine Sprache zu verstehen, aber auch seine Geschichte, seine Lebensgewohnheiten, ohne daß man die eigenen über Bord wirft. Dann erst, meine ich, kann es zu einem guten Neben-, vor allem aber auch Miteinander kommen, zu einer Buntheit und fröhlichen Gemeinschaft und Geselligkeit entsprechend dem Vierzeiler von Christian F. Gellert:

Du hast das nicht, was andere haben,
und anderen mangeln deine Gaben.
Aus dieser Unvollkommenheit
entspringt die Geselligkeit.

Um nochmals auf die Weihnachtsbotschaft einzugehen, Gott kam als der andere in die Welt, er ist unser Bruder geworden. Und doch ist Gott auch immer nach wie vor der andere, der andere Übersteigende. Der Christ freut sich, daß er durch das Kommen des Herrn zum Bruder Christi geworden ist. Dieses Brudersein besteht aber nicht in einer plumpen Kumpelei, sondern beinhaltet nicht zuletzt Verehrung und Anbetung. Denn auch das ist eine Form der Aufnahme Gottes bei uns und in uns. So steht als eine der großen Verheißungen der Weihnachtszeit der schöne Satz: „Allen, die ihn aufnahmen, gab er Macht, Kinder Gottes zu werden."

Die Vereinslesung

Wenn ich das Wort „staade Zeit" höre, muß ich etwas lächeln, denn auf der einen Seite freue ich mich immer auf das Weihnachtsfest und die freien Tage, die ich mit meiner Familie verbringen darf. Auf der anderen Seite ist eben die Zeit vorher alles andere als eine staade Zeit. Einerseits ist die Universität von einem krankhaften Ehrgeiz besessen, noch vor Ende des Jahres alle möglichen Kommissionen und Gremien tagen zu lassen, damit man dieses oder jenes noch vom Tisch bekommt, das man dann allerdings spätestens zu Beginn des Sommersemesters wieder herausholt und alles von vorne beginnen läßt. Zum zweiten bringt es halt das Hobby als Mundartdichter mit sich, daß allen möglichen Personen und Stellen einfällt, man könnte ja bei den anstehenden Advents- und Weihnachtsfeiern diesmal einen besonderen Akzent setzen, indem man heuer ausnahmsweise nicht den zweiten Kassier die ‚Heilige Nacht' von Ludwig Thoma vorlesen läßt, sondern einen von den Turmschreibern holt.

Die Einladung zu solchen Veranstaltungen erfolgt auf die verschiedenste Art und Weise. So kam ich vor ein paar Tagen wieder einmal nach einer Sitzung müde und abgespannt aus der Universität nach Hause. Eine knappe Stunde blieb, um mich über die wichtigsten Dinge mit meiner Frau zu unterhalten. Im Wohnraum saß jedoch ein älterer Herr mit einem weißen Haarkranz bei meiner Frau. Als ich das Zimmer betrat, sprang er fröhlich auf, eilte auf mich zu und schloß mich in die Arme. „Da bist ja, alter Spezl", begrüßte er mich, „sag amal, kimmst du überhaupt nimmer hoam?"

Ich schaute ihn erstaunt an. „Jetzt sag bloß, daß du mich nimmer kennst? Du werst doch noch dein alten Wiesnfußballerspezi, an Trögel Ludwig, kenna. I bins, der Lulu." Ich konnte mich nicht erinnern, daß ich jemals einen Lulu gekannt hatte.

„Sag amal", meinte er und schaute mich ganz erstaunt an, „erinnerst di nimmer an meine Flankn? Mi wennst net ghabt hättst, hättst als Mittelstürmer koa oanzigs Tor gschossn." Ich hatte nie Mittelstürmer gespielt, soweit ich mich erinnern konnte. Aber mit meinem Gedächtnis ist es halt auch nicht mehr zum besten bestellt. Und so tat ich, als wüßte ich von allem, und mimte ein freudiges: „Ja, sowas, Lulu, wia gehts dir denn, nett, daß ich di amal wiedersiehg. Entschuldige, aber i bin heut a bißl abgspannt, deswegn hab i di net glei kennt."

„Mei", meinte er taktvoll, „denk dir nix, scheener samma alle zwoa net worn. I hätt di aa nimmer kennt. Bloß zwengs deiner langen Nasn. Ja, sag amal, des is ja furchtbar mit dir. Du bist ja überhaupt nimmer dahoam. Dei Frau hat mir's scho erzählt. Denkst'n du überhaupt net an dei Frau und deine Kinder? Die wolln doch aa an Vater habn, solangs no kleaner san." Er redete lange in mich hinein und machte mir ein schlechtes Gewissen. „Außerdem", meinte er, „i sag's dir bloß zur Warnung: Du hast doch den Scherm Rudi kennt", ich hatte ihn nicht gekannt, nickte aber. „Herzinfarkt", sagte er kurz und lakonisch, „der is, bzw. war, genauso alt wia du. Und unser linker Verteidiger, der Bachl Wiggerl", ...er schaute mich prüfend an, bis ich nickte, obwohl ich mich auch an einen linken Verteidiger namens Bachl nicht mehr erinnern konnte. „Herzinfarkt", meinte er wieder. „Alles Leut in deinem Alter. Also geh in dich", meinte er abschließend. „Denk dro, mir san im Advent, in der staaden Zeit. Letzt's Mal hab i was von dir ghört. Du bist doch derjenige, der immer von der staaden Zeit redt?"

Er schaute auf die Uhr. „Ui jeggerl", meinte er, „jetzt hab i mi glatt bei dir verratscht. Mir pressiert's, mir ham doch heut no Vereinsversammlung." Er stand auf, und ich wollte ihm die Hand drücken. „So", meinte er, „mir sehng uns dann ja sowieso in drei Tag. I hab's scho mit deiner Frau ausgmacht. De konn fei mitkomma." Ich schaute ihn fragend an. „Ja, bei unserer Weihnachtsfeier", meinte er, „vom Verein. Du werst doch dein alten Verein net im Stich lassen. Mir bauen fest auf dich."

„Ja, aber", stotterte ich, „i woaß doch gar net, ob ich da abends Zeit hab."

„Hab ich schon mit deiner Frau geklärt. Die hat in deim Terminkalender nachgschaugt, da is noch nix eintragn."

Richtig, da fiel es mir ein, ich hatte mir diesen Abend als einzigen vor Weihnachten freigehalten, weil ich den Nikolaus ein paar Tage später mit den Kindern wenigstens noch ein bißchen nachfeiern wollte. „I hab deiner Frau scho des Wichtigste gsagt, wost hikomma mußt und wia das Ganze ablauft. Mei, beinah hätt ich was vergessen", meinte er und kam noch einmal zurück. „Mir ham doch da a Tombola zugunsten unserer neuen Duschanlage, da wär es natürlich nett, wennst so Stuckera zwanzig Bücher stiften kannst. Du kriagst ja gnua als Belegexemplare. Also nimm dei Frau mit, dann sehgts euch wenigstens an dem Abend, und i hab a guates Werk do. Du woaßt also, wost himußt. Unser Verein hat ja jetzt a neues Vereinsheim, in der Pfeufferstraß 28. Überhaupt hatse bei uns einiges do. Aber du werst scho no a paar alte Gsichter kenna, werst sehng, des werd a Mordsgaudi." Mit diesen Worten verabschiedete er sich.

Das war also die Ouvertüre für meine Lesung beim SC Harras. Bis zu meinem großen Auftritt zermarterte ich mein Gedächtnis, wann ich je bei diesem Sportverein gespielt hätte. Mir fiel nur ein, daß ich einmal bei den Junioren des FC Bayern gespielt hatte, die erste Profimannschaft gleich überspringen durfte, um dann nach einigen Jahren bei der AH mein Debüt zu geben. Daß sich der FC Bayern jetzt in SC Harras umbenannt hätte, das konnte ich nicht so recht glauben.

Aber was blieb mir nach diesem so eindrucksvollen Hausbesuch meines alten Sportfreundes anderes übrig, als tatsächlich auf meinen letzten freien Abend zu verzichten und mit meiner Adventlesungsmappe im besagten Vereinsheim zu erscheinen. Der Lulu hatte vorher noch mal angerufen und mir mitgeteilt, ich sollte am besten Punkt 20.00 Uhr erscheinen, dann wäre der Nikolaus schon dagewesen. Nach einer kleinen Pause würde er dann zusammen mit dem Zitherspieler, dem Schmidbauer Rainer, den ich ja eigentlich auch kennen müßte, weil er ja bei uns in der Reserve gespielt habe, auf mich überleiten. „Und dann bist du dro", sagte er, „das ist dann dein Part, da hast du dann freie Hand. Du machst as ja net as erste Mal, da vertrau i ganz auf di und dei Gspür."

Als ich pünktlich eintraf, kam gerade auch der Nikolaus herein. Er zog sinnigerweise einen Schlitten auf Rädern nach sich, auf dem ein großes Faß Bier lag. Die Luft in dem relativ kleinen Saal war zum Schneiden, und es empfing uns beide ein Höllenlärm. Der Nikolaus schien aber sein Metier zu beherrschen, bzw. ähnliches gewohnt zu sein, denn er hatte eine Art Nebelhorn mitgebracht, in das er mit voller Puste hineinblies. Die entstehenden Schrecksekunden gaben ihm Gelegenheit, sein selbstgestricktes Nikolausgedicht aufzusagen:

„Von drauß vom Walde komm i rei
und deswegn halt's jetzt euer Mei.
Als Weihnachtsbote bin ich hier,
vom Himmel bring ich ein Faß Bier.
Weil man dort weiß, der Durscht, der brennt
heiß wie die Lichter im Advent."

Und so ging es eine geschlagene dreiviertel Stunde weiter. Der Nikolaus hatte das gesamte Vereinsjahr in Verse gekleidet, wobei er besonders ausgiebig auf einen Vereinsausflug im vergangenen Sommer nach Ungarn einging, wo alles so billig gewesen sei, vor allem der Tokaier. Auf Tokaier reimte er dann: „Ich vermiß ihn sehr auf dieser Feier." Der Nikolaus zählte detailliert auf, was jeder einzelne unter dem Einfluß dieses Getränkes angestellt hatte.

Ich erinnere mich, daß der Vers dabei war: „Bös hats erwischt den Obermaier, dem gar nicht gut tat der Tokaier. Drum hat er gspiebn als wie ein Reiher." Die Nikolausrede endete mit dem Aufruf, daß der Spender dieses Fasses, unser langjähriges, verdientes Ehrenmitglied, der Stadtrat Klopfer, das Faß anzapfen sollte. Und als letztes fügte der Nikolaus noch die besinnlichen Zeilen an: „Jetzt danken wir dem edlen Spender und warten auf den nächsten Sender."

Der Stadtrat Klopfer waltete seines Amtes, war aber offensichtlich nicht besonders routiniert darin. Die herausspritzende Fontäne des edlen, braunen Gerstensaftes machte nicht nur ihn patschnaß, sondern auch einen Großteil der in der Nähe Sitzenden. Fürderhin lagerte der Geruch des Freibieres weihnachtlich in dem Saal. Unter dem Gejohle der Anwesenden versuchte dann der Mäzen Stadtrat Klopfer eine Rede, zu der ihm aber erst der Nikolaus das entsprechende Gehör verschaffte, indem er sich wieder seines Nebelhorns bediente. Offensichtlich hatte der Stadtrat eine Pauschalrede für alle Veranstaltungen in diesem Jahr parat. Es ging zwar in keiner Zeile daraus hervor, warum er sie ausgerechnet zur Weihnachtsfeier hielt, aber man konnte unschwer erschließen, a) welcher Fraktion er angehörte, und b) daß er für das Bäderwesen zuständig war. So brachte er unter anderem eine anschauliche Statistik über die Rückläufigkeit der Benützung der städtischen Wannenbadeinrichtung, über die Sach-beschädigungen in Umkleidekabinen durch irgend-welche Voyeure und die steigende Zahl der Fuß-pilzerkrankungen bei Bademeistern bzw. Bade-meisterinnen. All das, meinte er, würde natürlich eine drastische Erhöhung der Gebühren im neuen Jahr bedingen. Während seines Vortrages ließ er ein paar Bilder von der neugestalteten, gemischten Sauna im Müller-Volksbad kreisen, die ein erheb-liches Interesse fanden. Den Schluß bildete ein von ihm offensichtlich selbstgestricktes Gedicht, das da lautete:

Das Leben ist ein Swimmingpool,
mal ist es warm, mal ist es cool.
Der eine dick, der andre dünn,
so schwimmen wir im Poole drin.
Zum Schlusse wünsch' ich dem Verein
im nächsten Jahr viel Sonnenschein.
Mit einem Wetter wunderschön,
und daß wir alle baden gehn.

Ich hatte während der tiefschürfenden Ausführun-gen des Stadtrats Klopfer ganz intensiv nach mei-nem Sportsfreund Lulu Ausschau gehalten. Jetzt endlich entdeckte ich ihn und winkte ihm zu. Als er mich sah, kam er auf mich zu und begrüßte mich mit einem „Ah, du bist schon da. Gib mir glei de Bücher von dir. Ich stell dich dann gleich amal un-serm Vorstand vor, dann könn ma gleich 's Nähere besprechen."

Er winkte einem kleinen, hageren Männlein zu

und meinte, zu ihm gewandt: „Äh, Herr von Redwitz, des is der, von dem ich ihnen scho amal verzählt hab, der Dichter da. Der hat scho a ganze Reihe von Bücher gschriebn und daad halt heut abend so gern bei uns was vorlesn. I glaub, mir könna scho a Aug zudrucka, der hat nämlich früara aa bei uns Fußball gspielt. Gell, Helmut", meinte er an mich gewandt, „so ist's doch?" Der Vorstand musterte mich lange von oben bis unten. Endlich meinte er: „Na gut, wenn Sie etwas Lustiges draufhaben."

„Hast ghört", meinte der Lulu, „lustig mußt lesen, denn sonst kimmst bei uns net o."

„Aber ich hab doch heut meine Weihnachtslesung dabei. Die ist schon eher nachdenklich", warf ich schüchtern ein. „Dann lies des Zeugsl wenigstens a bißl lustig vor", forderte mich der Lulu auf, „du hast es doch selber gehört, unser Vorstand hat gsagt, daß' lustig sei soll. Der Vorstand ist nämlich hauptberuflich zweiter Direktor bei der Firma Schlüsselbau und Söhne", flüsterte er mir ins Ohr und fügte nochmals hinzu, „also lustig, hast gehört. Aber du hast ja no Zeit, bis d' drokommst. Vielleicht fallt dir no was Lustigs ei. Sitz di derweil hinten hi, wennst di schickst, kriagst no a Freibier. Also i muß mi jetzt wieder ums Programm kümmern."

Der nächste Programmpunkt bestand in einigen Gstanzln, die drei Fußballer unter Ziehharmonika-Begleitung des Kassiers Fleder vortrugen. Darin wurde vom Torwart bis zum Linksaußen jeder ausgesungen. Eine Strophe hieß z.B. so:

Wer hat uns des Spiel heut verlorn, verlorn,
wer hat uns des Spiel heut verlorn?
Ja unsere Läufer, de saudummen Säufer,
die ham uns des Spiel heut verlorn.

Oder:

Wer hat uns des Spiel heut verlorn, verlorn,
wer hat uns des Spiel heut verlorn?
Ja unsere Stürmer, de saudummen Würmer,
die ham uns des Spiel heut verlorn.

Es folgte ein Beitrag der Jugendabteilung. Vier Tanz-
paare hüpften auf der ganz kleinen freien Fläche zum
Rock 'n' Roll-Rhythmus aus dem Recorder daher.
Dabei trat beim Abgang nach einem Überwurf eine
schon etwas füllige Maid dem in der ersten Reihe
schlafenden Hund des Vorstands auf den Schwanz,
der aufjaulend aufsprang und für etwas Verwirrung
im Raume sorgte. Zwischendurch erklang im übrigen
immer wieder der von vielen Kehlen gesungene und
inzwischen schon fast klassisch gewordene, aus der
Feder des Münchner Turmschreibers Fritz Fenzl
stammende schöne Reim: „Prost, Prost, Prost, daß
d'Gurgel net verrost."
Nach einiger Zeit trat der Vorstand von Redwitz
nach vorne und versuchte ein paar Worte an das inzwischen schon in guter Stimmung befindliche Publikum zu richten. Es gelang aber wieder erst, nachdem sich der Nikolaus mit Hilfe seines Hornes
eingeschaltet hatte. Herr von Redwitz kündigte den
absoluten Höhepunkt der Weihnachtsfeier an, in-

dem er sagte: „Auch heuer hat unser Verein weder Kosten noch Mühe gescheut, um einen absoluten Weltstar für euch zu verpflichten. Was soll ich viele Worte machen? Es singt für Sie Madonna." Der Lulu, der sich gerade in meiner Nähe aufhielt, flüsterte mir ins Ohr: „Des is natürlich net die echte Madonna, sondern die Tochter vom Vorstand, aber du werst as merka, de schaut der richtigen zum Verwechseln ähnlich." Da ich ein gewisses Defizit in der Kenntnis von modernen Schlagersängerinnen und -sängern habe, weiß ich nicht genau, wie die Madonna tatsächlich aussieht. Eines weiß ich aber: Bestimmt nicht so wie jenes kleine, pummelige Wesen, das sich in ein schwarzes Negligé gepreßt hatte. Zu irgendeinem Lied, das jetzt aus dem Recorder ertönte und dessen Text ich wegen meiner sehr spärlichen Englischkenntnisse nicht verstand, hüpfte sie mit dem Mikrophon an den Lippen auf und ab, fiel dann mit einem schrillen Schrei auf ihren Rücken und begann mit den Beinen zu zappeln. „Au weh, jetzt is' ausgrutscht", flüsterte ich dem Lulu zu, der noch immer neben mir stand. „Schmarrn", meinte der, „des ghört dazu. Im übrigen bist jetzt du dran. Am besten liest glei von dem Tisch aus, sonst kommt zu viel Unruh nei in den Saal."

Ich packte meine Manuskripte aus. Indessen kündigte mich der Lulu wie folgt an: „So, liebe Sportsfreunde, nachdem wir jetzt den staaden und besinnlicheren Teil hinter uns gebracht haben, darf ich Ihnen jetzt etwas Lustigeres ankündigen. Der Mundartdichter Helmut Zöpfl liest jetzt ein paar saukomische Geschichten aus seiner Feder vor. Ich kann euch jetzt schon versichern, wer da nicht lacht, ist selber schuld. Also auf geht's, Helmut! Der Helmut hat im übrigen", fügte er noch hinzu, „bei uns früahra auch im Verein gespielt, aber des is natürlich schon ewig, ewig lang her, wia ma siehgt, wenn ma'n oschaugt. Vielleicht daß ihn von den ganz Alten noch einer kennt. Ganz ehrlich, ich hab'n aa nimmer kennt. Also Helmut, laß' rauschen!"

War schon die Ankündigung des Lulu im allgemeinen Geräuschpegel untergegangen, so hatte ich jetzt den Eindruck, gegen eine unsichtbare, rauchige Wand zu sprechen. Ich schaute hilfesuchend nach dem Nikolaus aus, der mir vielleicht mit seinem Nebelhorn wenigstens kurzfristig Aufmerksamkeit hätte bescheren können. Der war aber inzwischen offensichtlich verschwunden oder zog sich gerade um. Nun gut, ich wollte es zumindestens probieren. Ich zog mein lustigstes Adventsgedicht, das ich hatte, heraus und begann zu lesen. Nicht das geringste Zeichen von Aufmerksamkeit. Ich begann lauter zu werden, immer lauter, brüllte dann schließlich die Schlußpointe in den Raum: „Jetzt ist die staade Zeit."

Der einzige aber, der von mir Kenntnis zu nehmen schien, war der vorher so malträtierte Hund des Vorstands, der aufsprang, seine Pfoten auf den Tisch legte und, aus einem mir nicht ersichtlichen Grund, mich abzulecken begann. Immerhin etwas!

Ich war fast ein wenig gerührt, als ich das zweite Gedicht herausholte. In meiner Nähe befanden sich gerade ein paar Kinder. Vielleicht hätte ich bei ihnen eine ähnlich positive Reaktion wie bei dem Hund hervorrufen können. Immerhin etwas wäre es gewesen. Ich schaute sie durchdringend an und las ein hübsches Gedicht über Kinderspielzeug vor. Dieses animierte aber offenbar einen Buben, einen Luftballon aus der Tasche zu holen und ihn aufzublasen, um dann in schrillem Ton die Luft entweichen zu lassen. Spätestens da wurde mir klar, daß ich nicht mein normales Programm in voller Länge vorlesen werde. Weil ich aber von Haus aus ein sturer Typ bin, las ich einfach ohne Aussicht auf die geringste Reaktion noch einige Stücke vor.

Keiner nahm auch nur im geringsten davon Kenntnis, daß ich aufgehört hatte. So packte ich schweigend meine Manuskriptseiten wieder in die Mappe ein. Nach einer Viertelstunde kam der Lulu an meinem Tisch vorbei, schaute mich an und meinte: „Ah, was, du liest gar nimmer. Wia waars mit a kloana Zugab? D'Leut ham scho gfragt, obsd net no a paar Gschichterl vorliest", log er, „aber lustige, wenn's geht, wos' no amal richtig lacha kenna." Ich entschuldigte mich mit meiner angegriffenen Stimme. „Schad", meinte er, „schad. D'Leut hättn se bestimmt gfreut, wennsd no a bißl was glesn hättst. Du hast es ja selber gspannt, wia mucksmäuslstaad daß' dir zughört habn. Des is fei net immer so. Mir ham scho Veranstaltunga ghabt, da is ganz schön laut zuaganga."

Ich erklärte dem Lulu, daß ich langsam ans Heimgehen dächte, weil morgen wieder ein schwerer Arbeitstag wäre. „Siehgst", meinte er, „ich hab dir's ja scho vor einiger Zeit gsagt, du mußt einfach zrucksteckn und net alls annehmen. Denk aa an dei Familie und dei Publikum! Die wolln doch no länger was von dir habn. Übrigens, das Bier, wost trunken hast, geht auf unsere Kosten. Wir wissen doch, was wir am alten Mitglied schuldig san. Also Servus, alte Wurschthaut, machs gut. Unser SC kimmt bestimmt bald wieder auf dich zu."

Meine Befürchtungen in dieser Hinsicht wurden aber sehr bald zerstreut, denn beim Hinausgehen hörte ich noch, wie der Lulu dem Vorstand zurief: „Nix für ungut, Herr von Redwitz, daß des heuer so danebnganga is mit der Lesung. Des soll uns a Lehre sei, nächsts Jahr holn ma uns wieder den Fenzl, der hat viel mehra Gspür, was bei de Leut okummt. In die Adventszeit ghörn nämlich besinnliche, staade Texte und net so derb-lustige Sachan, wias der heut vorgelesen hat. Also nix für ungut, Herr von Redwitz", entschuldigte er sich nochmals, „wissens, er hat mi halt so inständig bettlt, daß er amal bei seim früahren Verein lesn derf, wo er doch jahrelang gspuit hat. Behauptet er jedenfalls. I konn mi nämlich net um vui Geld daran erinnern, daß der jemals bei uns dabei gwesen sei kannt."

Schenken macht Freude

Lieber, guter Nikolaus

Lieber, guter Nikolaus,
such mir schöne Sachen aus
aus dem Kaufhaus-Katalog
mit dem Weihnachtsangebot!
Bring mir doch ein Video,
Videos, die lieb ich so!
Denn ich kann, sooft ich will
den Bud Spencer, Terence Hill
sehen, wie sie prügeln, raufen,
Whisky trinken, sich besaufen.
Und natürlich, bitte sehr,
möcht' ich von der Art noch mehr:
Batman, Rambo, eins und zwei,
und natürlich nebenbei
Trickfilme ganz viel zum Lachen,
weil sie lust'ge Dinge machen,

all die Tiere und Figuren,
welche alle nur drauf luren,
daß sie töten, um sich bringen,
sich vergiften, sich verschlingen,
runterschmeißen, platt sich drücken,
sich zerstückeln, beißen, zwicken,
sich bestehlen immerzu.
Richtig fröhlich gehts dort zu.
Bring mir auch Computerspiele,
doch nichts eins nur, sondern viele,
denn da kann ich selbst mitmachen,
lass' es aufeinanderkrachen,
kann erschießen, bombardieren,
alles Leben ausradieren.
Und erst, wenn sich nichts mehr regt,
nicht 's Gringste mehr bewegt,
ist das nette Spielen aus.
Bring mir, lieber Nikolaus,
Spiele, die mein Herz erfreun,
ich will weiter artig sein.
Darum nimm auch nicht, ich bitt',
zu mir den Knecht Ruprecht mit,
denn der ist ein rauher Mann,
der mich sehr erschrecken kann,
wenn er mit den Ketten klirrt,
weil mir da ganz bange wird.
Ich hab' Angst vor der Gestalt,
denn ich hasse die Gewalt.
Nikolaus, ich bin bestimmt
ein braves, friedliebendes Kind.
Also, lieber Nikolaus,
bring Fried und Freude in mein Haus!

Weihnachtswünsche

Der Bua a neus Radl,
a Stereoanlag 's Madl,
d'Mutter ganz nobel
nach am Nerz jetzt an Zobel
– der is besser zum tragn –,
der Vater an Wagn.
Nix, nix is' z'teuer
fürn Weihnachtswunsch heuer.
Doch vielleicht waars auf echt
gar net so schlecht,
wenn ma ganz brav und bieder
auf Weihnachten wieder
des Jahr mal dro denkn,
mehr Weihnachtn z'schenkn.

Wie schreibt man Advent?

Wie:

A wie Abhetzen
D wie Dauerstreß, dreizehntes Monatsgehalt
V wie verkaufsoffener Samstag
E wie Einkaufsbummel
N wie Nervosität
T wie Torschlußpanik

Oder:

A wie Ankunft des Herrn
D wie Denkpause
V wie Vorfreude
E wie Erwartung
N wie Neubesinnung
T wie „Tauet Himmel den Gerechten"

Igerls Gedanken zur Weihnachtszeit
oder
Wie weit haben wir es gebracht?

Als Alfons Igerl nach einem zweistündigen Gang
durch die vorweihnachtliche Hetze in der Münchner Innenstadt in die stille Asamkirche eintrat,
schnaufte er zunächst einmal tief durch. Er tauchte
seinen Finger, wie er es seit Kindheit gewohnt war,
in den Weihwasserkessel ein, machte seine Knie-
beuge vor dem Allerheiligsten und setzte sich in
eine Kirchenbank. Auf einmal hatte er das dringen-
de Bedürfnis verspürt, bei dieser Rennerei und
Hetzerei rund um ihn herum, wieder zu sich selbst
kommen zu können. Sein Blick glitt durch die wunderschöne Barockkirche.

Fast zweitausend Jahre ist es jetzt her, überlegte er,
daß du als kleines Kind in die Welt gekommen bist.
All die schönen Adventslieder, allen voran das
„Tauet Himmel den Gerechten", fielen dem Alfons
Igerl ein und er summte sie andächtig vor sich hin. Da
kamst du also als langersehnter Heiland in die Welt.
Arm in der Krippe geboren, aber wie ein König von
den Engeln begrüßt. Mein Gott, überlegte Alfons
Igerl, was nur der gute heilige Josef, dein Nähr- und
Pflegevater, sagen würde, wenn er an einem solchen
Tag wie dem heutigen durch die Münchner Fuß-
gängerzone liefe. Aber der heilige Josef war ja schon
von früh an den Kummer gewohnt, und er hat ja
sicher schon damals schmerzlich mitbekommen, wie
die Leute halt sind, daß sie an einem Tag Hosianna

120

schreien und am anderen Tag dich ans Kreuz nageln. Zweitausend Jahre, überlegte der Alfons wieder, was ist da alles geschehen. Er würde sich bestimmt nicht mehr auskennen, der heilige Josef, in unserer Zeit, die wir eine so fortschrittliche nennen. Der Alfons Igerl dachte nach, was der heilige Josef wohl heute dem kleinen Christus als Spielzeug schenken würde. Möglicherweise sogar irgendeines von diesen Computerspielen. Aber wahrscheinlich doch nicht, denn der heilige Josef war ja ein Zimmermann, und er würde sich auch heute nicht nehmen lassen, dem kleinen Buben ein schönes Holzspielzeug selber zu zimmern.

Das mit dem Fortschritt ging dem Alfons nicht aus dem Kopf. Ganz ehrlich, freute er sich schon, daß er in dieser Zeit leben durfte, wenn er da nur an den medizinischen Fortschritt dachte und daran, daß er nach seiner Hüftoperation wieder großartig und schmerzfrei gehen konnte. Ja sogar Eisstock schießen konnte er inzwischen wieder auf dem Nymphenburger Kanal.

Der Alfons faltete ganz schnell die Hände und sagte dem lieben Gott ein herzliches Dankgebet, auch für den, der ihn so schön operiert hatte. Eigentlich bin ich schon froh, überlegte er sich, daß es den Fortschritt gibt, aber er kann halt ganz schön gefährlich sein. Denn bestimmt fühlen die Leute von damals noch genauso wie wir heute, und in der Liebe und in dem Haß gibt es wahrscheinlich im Lauf der Geschichte keinen Fortschritt. Es hat damals bestimmt genauso gute Freunde und genauso erbitterte Feinde gegeben wie heute, überlegte er.

Mit dem Frieden haben wir es auch nicht viel weiter gebracht, obwohl doch damals die Engel verkündet haben: Friede den Menschen auf Erden, die guten Willens sind. Wenn man das liest, was mit den Kindern heutzutage alles geschieht, dann sind wir von dem Kindermörder Herodes bis zu den Kindermißhandlungen heutzutage, den Morden an vielen unschuldigen Kindern an allen möglichen Kriegsschauplätzen wirklich nicht viel weiter gekommen. Oder ist das vielleicht ein Fortschritt, daß man heute nur noch auf einen Knopf drücken muß und durch eine Bombe ganze Städte mit unschuldigen Kindern auslöschen kann. Alfons Igerl dachte an einen bösen Spruch, den er einmal gelesen hatte: „Ist es ein Fortschritt, wenn ein Kannibale Messer und Gabel benützt?" Irgendwie kommt es mir manchmal so vor, dachte er, als wenn der Motor in einem Auto immer stärker wird und das Auto immer schneller macht, aber man immer weniger darauf achtet, daß die Lenkung funktioniert. Wenn nur noch das Tempo, aber nicht mehr die Richtung stimmt, wird's gefährlich.

Jetzt bin ich doch tatsächlich ein wenig von meinen Gedanken abgekommen, dachte er sich, oder vielleicht doch nicht so weit, denn eigentlich hätten ja die Menschen damals in der Heilsnacht etwas über die Richtung erfahren. Der Weihnachtsstern hätte schon gezeigt, wo es langgehen könnte. Aber irgendein Filmstar oder sogar nur ein Filmsternchen hat heute bei vielen eine größere Wirkung als jener Stern. Wir sind ja heute so gescheit geworden und so aufgeklärt. „Nur deinen Namen", sprach Igerl jetzt wieder mit dem Christkind, „den mußt du schon noch hergeben für das Weihnachtsgeschäft rund ums Christfest. Und das nicht nur kurz vor dem Heiligen Abend, sondern langsam schon mit Herbstbeginn.

Wenn man den Anzeigen der großen Geschäfte glauben darf, dann sind wir christlicher geworden als je zuvor, denn vom 1. Oktober an machen wir schon Reklame für deinen Geburtstag. In Amerika gibt es sogar einen ganzjährigen Weihnachtsmarkt. Aber es ist halt so wie in den meisten Fällen. Je mehr man davon redet, desto weniger hält man davon." Der Alfons erinnerte sich, daß er heuer bei einem Gang durch eine Buchhandlung einen riesengroßen Tisch voller Bücher gesehen hatte, deren Titel eigentlich nichts anderes ansprachen, als sich mit allem, was mit Christentum zu tun hatte, zu beschimpfen. „Sogar diejenigen, die auf dich schimpfen, machen mit deinem Namen ein Geschäft", murmelte er.

Und dann, überlegte der Alfons, gibt es diese manchmal so furchtbaren Weihnachtsfeiern, Glühwein-, Sekt- und Freßgelage, die auch noch deinen Namen tragen, in denen mäßige Unterhaltungskünstler, manchmal auch mit Mundartversen, entweder blöde Witze verkaufen oder allenfalls noch scheinheilig gegen entsprechendes Entgelt von der staaden Zeit schwärmen. Wieviele wohl überhaupt noch, überlegte Alfons Igerl, etwas mit dem Wort „heilig" und „Weihe" anfangen können. Da ist zum Beispiel das Weihwasser. Der Alfons Igerl hatte immer noch einen Weihwasserkessel in seinem Schlafzimmer. Aber sogar seine ihm gleichaltrige Zugehfrau, die Frau Else, machte immer wieder eine blöde Bemerkung, wenn sie beim Säubern des Igerlschen Wigwams den zinnernen Weihbrunnkessel entdeckte. „Gehens, Herr Igerl", sagte sie öfter, „Sie werd'n doch nicht an so was glauben."

Dafür glaubte die Frau Else dann bedingungslos an die astrologischen Vorhersagen der Frau Tessier. Und in der Esoterik-Messe hatte sie sich für sündteures Geld Kupferringe und pyramidenförmige Eßbehälter erstanden. Und an die Statistiken und Meinungsbefragungen glaubte sie ebenso, wie an jedes neu angepriesene Wundermittel für Gewichtsreduzierung oder gegen ihren Alterungsprozeß. Komisch, daß die Leute, die glauben, nichts mehr glauben zu müssen, so anfällig sind für allen möglichen Blödsinn, den sie dann kritiklos zusammenglauben. Alfons Igerl nahm sich vor, mit einigen dieser Leute demnächst ein ernstes Gespräch zu führen. Denn plötzlich bekam er ein ganz schlechtes Gewissen. Was hatte *er* denn eigentlich dazu beigetragen, die Weihnachtsbotschaft weiterzuverbreiten, an die er doch glaubte? Er würde morgen gleich mit der Frau Else mit dem Gespräch beginnen. Oh Gott, da fiel ihm ein, daß er ihr ja versprochen hatte, noch für die 200,-- DM, die sie ihm in die Hand gedrückt hatte, etwas zu besorgen. Die Frau Else hatte es sich nämlich zur Auflage gemacht, jedes Jahr um die Weihnachtszeit herum einem Kind in einem Waisenhaus eine besondere Freude zu machen. Und er, Alfons Igerl, hätte doch Zeit, beim Einkauf ein paar schöne Spielsachen zu besorgen. Und da ging

124

dem Alfons Igerl plötzlich ein Licht auf. Vielleicht ein kleiner Schimmer von jenem Weihnachtsstern. Ist nicht doch mehr geblieben und noch heute wirksam? Wir müßten ein bißchen mehr aufpassen und hinschauen, hinhorchen, aber auch selber mittun, überlegte er, indem er beim Hinausgehen sein Kreuzzeichen machte, daß dieser Stern auch in unserer Zeit strahlt.

Weihnachtsrechnung

Also da sans ja, meine Gschenke im Quellekatalog.
398 Mark hat er kost, der Anzug.
As Hemmad 32,80.
De Krawattn 19,70.
Der Pullover 99,80. Ja so was!
Wo is'n de Uhr? Da is' ja, 249 Mark.
Rasierwasser, Pre- und After-Shave –
mitanand 29 Mark gradaus.
Na wars ses aa scho.
Porto und Versand san ja bekanntlich gratis.
Macht also: 828,30.
Dagegn steht meinerseits
a Kostüm für 349,00,
a Kettn für 245,80,
der Ring für 152,70
und der Armreif für 218,30.
Des san dann 966.80,
und abzüglich de Prozente, wo i kriag, 831.20.
Da schau her, des kimmt ja fast hi.
Und wega dene 3 Mark 10,
wo i mehra ausgebn hab,
möcht i aa net so kleinlich sei.
Mia habn ja schließlich Weihnachten,
Und da schenkt ma von Herzen.

*

„Jeds Jahr desselbe um de Weihnachtszeit rum.
Jeds Jahr desselbe, des is doch zu dumm.
Mia fallt nix'n ei, so sehr i nachdenk,
was i des Jahr meiner Frau wieder schenk."
„Ja kauf ihr doch einfach an Schmuck, a Kettn, an Ring.
A Brosch mit Brillanten, a wertvolles Ding!"
„An Schmuck, wo daadsn den hi dann ja mei,
de hat doch koan Finger, koa Handglenk mehr frei!"
„Wia waars mit am Buid aus der Kunstgalerie?"
„A Buidl ja mei, wo hängtsn des hi?"
„Wia waars mit am Pelzmantel, teuer und toll?"
„Ah mei, bei ihr is doch wirklich a jeder Schrank voll."
„Dann stift ihr a Reise an irgend an Ort!"
„An welchen, de war doch schon überall dort,
an jedem bsondern Punkt auf der Welt."
„Na woaß i fei nix mehr. Doch gib ihr a Geld!"
„Bloß einfach a Geld daad ma ztiafst widerstrebn,
und außerdem wollt i so vui aa net ausgebn."

Es weihnachterlt

Jetzt, wenn die Glöckerln und d'Markln klingerln,
de staadn Weisn vom Lautsprecher dringerln,
Reklamechöre weihnachtlich singerln,
de silbernen Kugerln und glanzerten Ringerln,
de rauschgoldgwanderten, lieblichen Engerln
inmitten der duftenden Wurstwaren hängerln,
se d'Leut in d'volle U-Bahn neizwängerln,
se auf der Straßn halbert derdrängerln,
konns sei, daß mia oft nimmer vor Geschenkerln
ans Geschenk von jener Heil'gen Nacht denkerln.

Weihnachtsspuizeug

An Rambo, wiara grad in Äktschn is
und alls kurz und kloa schlagt,
an Way-Fung, den wuidn Hund aus der Fernsehserie
mit bewegliche Arm und Füaß,
wo ma de Karateschläge naturgetreu eistelln ko,
a ganze Burg voll von dene greana Rancare-Monster,
a bitterböse Braut und bluatrünstiger
wia der Dracula und der Frankenstein miteinander,
de ganze Mannschaft vom „Krieg der Sterne",
ausgrüst mit de neuestn Laserpistolen
und natürlich de neuestn Modelle
von Panzer, Kriagsfliager und Raketn…
Alles aus Plastik und unverwüstlich!
Wirklich schöne Sacha hab i heuer wieder
meine Kinder für Weihnachtn kauft.
Und net zu vergeßn natürlich:
a Kripperl, wo a Engerlchor
auf Knopfdruck de Weihnachtsbotschaft
vollautomatisch singt:
„Friede den Menschen auf Erden."

Brainstorming

Jetzt gehts also wieder auf Weihnachten zua,
und auf Weihnachten gibts z'dro denka grad gnua:
Wenn i an Weihnachten denk,
dann denk i ans Geschenk
für Frau und Verwandte
und für guate Bekannte,
ans Stadtrumlaufa,
ans Christbaumkaufa,
ans Platzlbacha,
ans Weihnachtsbsuachmacha,
ans Kartnschreibn
– ja nix schuidig bleibn –
an Reklameglanz,
an d'Festtagsgans,
drei freie Tag,
voll Entsetzen an d'Waag,
wenn mei Gwicht nimmer stimmt,
wia ma ab wieder nimmt.
. . . und, mein Gott, für *d'Maria*,
von de Nachbarn as *Kind*,
muaß i schaugn,
ob i no a Kloanigkeit find.
Maria? – Kind? – Gott? –
Da is ma grad so,
als waar da an Weihnachtn
was anders no dro?

Vom Umtausch ausgeschlossen

Nach Weihnachten rennt ma in Gschäfter gern rum
und tauscht seine Gschenker glei wieder um;
a rotbleamets Gwand gegn a blaurot karierts,
an Rollkragnpulli gegn a Hemd, a taillierts,
an Goethe seine gsammeltn Werke komplett
gega zwoa Dutzend Krimis zum Lesen im Bett,
Manschettnknöpf gega Schnupftabaksdosn,
a längere gega a kürzere Hosn.

Wia des wohl waar, wenn ma uns selber umtauschn könnatn
und dann bloß zum Umtausch rennatn,
wenn ma vielleicht was draufzahln müaßat
und ma uns dann wer andrer sei liaßat,
a Fuimschauspieler, a Millionär,
a Großgrundbesitzer, a Playboy, halt wer,
der an Haufn Geld vielleicht hat,
der wo recht berühmt ist, um den se d'Welt draaht?
Und du waarst nimmer der Huaber, der Maier,
sondern a ganz anderer, berühmter, a neuer.
Wia des wohl waar, wenn's des wirkli gebat?
Moanst, daß ma dann eppa glücklicher lebat?
Denk dro, es kanntat vielleicht sei aa fei,
daß a andrer von dene grad du möchat sei.

Wünsche eines Kindes

Ich wünsch' mir einen langen Tag,
ganz ohne alle Uhren,
und auch Erwachsene, die nicht
stets auf Termine luren.
Ich wünsch' mir Papa mit viel Zeit
für mich und meine Fragen
und daß Erwachsene nicht so oft
nur jammern oder klagen.
Ich wünsch' mir, daß man mich mal fragt,
warum ich manchmal weine.
Ich wünsch' mir, daß man mir mal sagt:
„Ich mag dich, meine Kleine!"
Ich wünsch mir, daß man nicht stets mahnt:
„Nicht jetzt doch, denk an später!"
Ich wünsch mir, daß ich ich sein darf
und nicht ein „man" und „jeder".
Ich wünsch' mir Lehrer mit Humor
und solche, die gern lachen.
Daß ich nicht nur gescheit sein muß,
mal träumen darf im Wachen.
Frohe Gesichter um mich rum,
die nicht im Alter rosten.
Bekomm' die Wünsche ich erfüllt?
Wohl kaum, weil sie nichts kosten.

Das perfekte Spuizeug

Jeds Jahr beim Gschenkakauf
halt i mi am längstn im Spuizeugladn auf.
Was' da jetzt alls gibt, was ma da jetzt alls siegt:
Puppn, die redn und essn kenna
und, ohne daß d' as aufziagst, im Zimma rumrenna,
Auterl, de in a Rennbahn rumfahrn,
Karusseller, de vollautomatisch se drahn.
A Fliager, der ganz von selber fliagt
und, ohne daß d' irgendwas duast, de Reibn richtig kriagt,
a elektrischer Zug, der rumroast wie gschmiert.
Alls is perfekt, alls funktioniert.
Wanns d' bloß auf an Knopf druckst, geht alls von alloa,
und as Kind, des hats schee, braucht gar nix mehr doa.
Es laßt dem perfekten Spuizeug sein Wiun…
und ko dann derweil mit irgendwas was spuin.

Weihnachten: Geschenke

„Naa, mir schenken heuer nix, mir schenken uns schon lange Zeit nix mehr." „Mir wär's schön genug. Heutzutag hat doch sowieso schon jeder alles." „Also da hast an Kaufhauskatalog, da darfst dir ankreuzen, wasd' dir heuer vom Christkindl wünschst. Mach's aber rechtzeitig, sonst kommt die Lieferung nimmer vor Weihnachten an, die habn doch immer solche Engpässe." „Mei, bin ich froh, wenn Weihnachten vorbei ist, dieses Umherrennen wegen der blöden Schenkerei. Von mir aus könnt Weihnachten abgeschafft werden…"

Viele solcher und ähnlicher Sätze kann man jetzt, schon einige Wochen vor der Weihnachtszeit, hören. In der Tat „tüpfelt" der eine oder andere sogar aus, was er möglicherweise von einem Anverwandten oder Bekannten geschenkt bekommt, und berechnet beim Geschenkeeinkauf genau, daß er ihm ja nicht zu wenig, aber auch nicht zu viel zurückschenkt. Das Wort „Schenken" ist also immer mehr mit einem hörbaren oder unhörbaren Seufzer verbunden. Es ist zu einem leidigen Muß geworden, einem von vielen ungeliebten Brauch. Also Schenken ganz abschaffen und Weihnachten nur mehr von seinem ursprünglichen Sinn sehen?

Ob man, bei aller Konzentration auf das Eigentliche, so rigide mit dem Schenken verfahren sollte? Dazu habe ich eben viel zu schöne Erinnerungen an Geschenke und Schenken, auch um die Weihnachtszeit herum. Richtiger wäre wohl, daß wir hin und wieder ein wenig innehalten und über das Wort Schenken und Geschenk etwas mehr nachdächten. Vielleicht kommen wir schon ein wenig weiter, wenn wir uns auf Geschenke besinnen, die uns besondere Freude gemacht haben. Lassen wir sie einmal in unserer Erinnerung vor unserem geistigen Auge nochmals erstehen.

Selbstverständlich war für den, der die Kriegs- und Nachkriegsjahre miterlebt hat, eigentlich fast alles, was man auf Weihnachten geschenkt bekommen hat, etwas Großartiges! Eingetauschtes, etwas selber Angefertigtes, ein ganz einfaches Spielzeug usw. Das wenigste konnte man damals nämlich kaufen. Geschenke müssen also beileibe nichts mit finanziellem Wert zu tun haben, auch wenn das heute manchmal so ausschauen mag. Sie sind schlichterweise etwas Besonderes, aber auch etwas, um das sich der Schenkende bemüht hat. Schenken bedeutet eben nicht, Anonymes an einen Anonymen zu transferieren. Freut man sich nicht am meisten über ein Geschenk, wenn man merkt, daß sich der Schenkende Mühe gemacht hat, auf meine Individualität, auf meine ganz spezifischen Wünsche einzugehen?

Natürlich gibt es aber auch eine ganze Reihe Geschenke, die nichts „kosten" und die wirkliche Geschenke sind, zum Beispiel, dem anderen Zeit zu schenken, ihm zuzuhören, auf ihn einzugehen, miteinander zu spielen. Man kann aber auch Freude schenken. Das kann wiederum heißen, daß man sich Zeit nimmt, miteinander fröhlich zu sein, daß man dem anderen etwas Nettes sagt, ihn annimmt, oder ihn zumindest einmal freundlich anschaut, daß man jemand etwas Lustiges erzählt, ihn aufmuntert, den ersten Schritt auf den andern zu macht, der oft eine ganze Menge von Selbstüberwindung erfordern kann.

Besondere Geschenke kommen also immer irgendwie aus der Liebe. Das heißt aber, daß man ein wenig von seiner Ich-Bezogenheit, seinem Egoismus weggeht. Man schenkt vielleicht sogar etwas, das einem selber lieb war, man verzichtet auf etwas. Man weicht von seiner Bequemlichkeit oder eingefahrenen Gewohnheit ab, indem man auf den anderen zugeht, auf ihn eingeht.

Geschenke sind wohl da am schönsten, wo sie auch überraschen. Auch deshalb finde ich es so traurig, wenn Kinder sich schon von vornherein alles aussuchen können, anprobieren, durchprobieren, was sie dann beispielsweise unter dem Christbaum wiederfinden. Da bin ich wohl immer ein wenig Romantiker geblieben und habe nie vor Weihnachten nach dem oder den Geschenken, die für mich bestimmt waren, gesucht. Gehört nicht auch die Vorfreude, das Ahnen, aber Nicht-genau-Wissen, irgendwie zu diesem Geschenk?

Weihnachten ist nun die Zeit, in der man sich an das wohl größte Geschenk erinnern sollte: daß sich uns Gott geschenkt hat, daß er weggegangen ist, auf uns zugegangen ist, arm geworden ist im Wissen, daß er sich sogar für uns aufopfern werde. Durch die Geburt des Erlösers wurde uns Leben geschenkt. Und so meine ich, daß Weihnachten nach wie vor ein Fest ist, an dem wir allen Grund zur Freude, ja sogar zum Jubel haben. So wie das in so vielen schönen Weihnachtsliedern zum Ausdruck kommt, wie in dem schönen alten Lied von Nikolaus Hermann: „Lobt Gott, ihr Christen allzugleich, in seinem höchsten Thron, der heut' schließt auf sein Himmelreich und schenkt uns seinen Sohn."

„Auf Weihnachten
wieder an Weihnachten
denka"

Auf Weihnachten
wieder an Weihnachten denka

Wia waars, wenn ma heuer beim Feiern und Schenka
auf Weihnachtn wieder an Weihnachtn denka?
In Gedankn a wengerl nach Bethlehem genga,
eihaltn, a bisserl, im Hetzn und Renna,
a bisserl mehr weihnachtlich aa da drinna
dankbar auf d'selbige Heilsnacht uns bsinna?
Net oiwei bloß d'Händ' grad aufhaltn,
von Empfänger öfter auf Absender schaltn,
a bisserl mehr gebn und a bisserl mehr teiln,
de andern beim Tragn helfa bisweiln.
Net bloß vom Guatn und Schöna redn,
sondern aa danach handln und aa danach lebn.
Wach sein und auf de Gelegenheit paßn
und net alle vier bloß grad sei laßn.
Genau wia de Hirtn vom Schlafa aufwacha
und bal oaner oklopft, de Tür eahm aufmacha.
Wos Not duad, a Liacht im Dunkeln ozündn,
as erste guate Wort wieder findn,
a bisserl mehr miteinander aa redn
und net bloß stur sei Meinung vertretn.

Des Redn vom Friedn net so auffaßn,
daß mia bloß selber wolln in Friedn wern glaßn,
um an Friedn se in der nächstn Näh plagn,
a bös' Wort verschlucka und liaber net sagn.
De Zeit net bloß mitm Jammern verliern,
net wehleidig bloß in uns selber neistiern.

140

Net in allem a Haar in der Suppn drin findn,
de Frohbotschaft fröhlich weiterverkünden.
A bisserl mehra von ihra betroffn,
wieder mehr glaubn und wieder mehr hoffn.
Net voller Angst in de Zukunft schaun:
„Fürchte euch nicht!" Mia solln mehr vertraun!
An Blick auf des zuagsagte Heil wieder lenka
und auf Weihnachtn drum wieder an Weihnachten denka.

Weihnacht

De Nacht is so staad.
Es is a so grad
wia vor zwoatausend Jahr,
so, wia's seinerzeit war.
Wia zur selbigen Zeit
wartn oiwei no d' Leut,
wartn no auf des Licht,
des ins Dunkel neibricht,
des a jeds von uns bräucht,
des her zu uns leucht,
des d' Welt hell macht und warm.
Ohne Dich is' so arm,
is' so krank und so leer.
Schau, mir dean uns so schwer!
Laß Dich seng doch und hörn,
laß'n leuchtn, Dein Stern,
der as Heil uns verkündt:
daß Du selber als Kind,
als Mensch bist geborn,
unser Bruder bist worn,
der zu selbiger Nacht
uns de Hoffnung hat bracht,
daß zu dir jeder Weg,
jede Straß, jeder Steg
ganz gwiß amal führt,
daß se koaner verirrt,
den du nimmst bei der Hand,
daß mir alle mitnand

san aufghobn da dort.
Gell, mir habn ja dei Wort:
daß den Menschen auf Erd
Heil und Friedn gschenkt werd,
Heil und Friedn und Lebn,
wiast uns Kunde hast gebn,
in der Nacht selbigsmal
in der Krippn im Stall.

Weihnachtswunsch

Liebes Christkind,
zum Weihnachtsfest wünsch' ich von dir
mir Hefte, Block und Schreibpapier,
und viele Stifte auch sodann,
weil ich damit viel machen kann,
zum Beispiel schreiben, zeichnen, malen
Bilder und Buchstaben und Zahlen.
Und einen großen Wunsch ich hätt':
So eine Tafel, die wär' nett,
wo man mit Griffel schreiben kann
und abwischen das Ganze dann.
Es wär' sehr schön, bekäm' ich das,
denn Schreiben, Malen macht mir Spaß.
Ich sag' schon danke im voraus,
dir, liebes Christkind, Dein Klaus.
Und diesen Wunsch ans Christkindlein
tippt Klaus dem Heimcomputer ein.

Wunderbare Bekehrungen

Die Geschichte ist bekanntlich voll von Berichten über oft wunderbare Bekehrungen. Ein frevelhafter Mensch wendet sich ganz plötzlich, bedingt durch ein Erlebnis, eine Begegnung oder eine Erscheinung, von seinem bisherigen Lebenswandel ab, wird anständig, fromm, ja sogar oft ein Heiliger. Eine der wohl bekanntesten Bekehrungen ist die des Christenverfolgers Saulus zum heiligen Paulus.

Viele solcher Bekehrungen haben sich sicher in der Stille vollzogen, man weiß nicht darüber Bescheid, und gewiß gibt es sie auch noch in unserer Zeit, die manchmal eher eine Zeit der Abkehr als der Bekehrung zu sein scheint. Eine besondere und geradezu massenhaft auftretende Form der Bekehrung vollzieht sich nun auch dieses Jahr wie immer um die „staade" Zeit in unserem Lande. Ich greife aus dieser Zahl der sich Bekehrenden nur einige Beispiele heraus.

Als der Schriftsteller Eberhard Schlupfig (die Namen sind im folgenden natürlich frei erfunden, die Personen nicht), der seine Leser- und Zuhörergemeinde manchmal mit penetranten atheistischen Spinitsierereien zu missionieren versucht, sich über Religionen, speziell die christliche, in primitiven Witzchen lächerlich macht und all die, die noch etwas glauben und hoffen, als dümmlich verhöhnt. Spätestens aber acht Tage vor dem ersten Advent vollzieht sich jene angesprochene Wandlung. Da packt dann der gute Schlupfig seine adventlichen und weihnachtlichen Gedichterln und Geschichterln in seine Dichtermappe, schlupft in den obligatorischen Trachtenanzug und rührt, von diversen Zither- und Harfenklängen begleitet, mit seinen besinnlichen Worten ans Herz seiner ihm lauschenden Zuhörerschaft.

Und weil gerade vom Musikalischen die Rede war: Der Dieter, der Walter und der Karl, die während des ganzen Jahres feig ihren Kopf einziehen, wenn es darum geht, einmal seinen Glauben zu bekennen, sie tun sich jetzt zum Hupfacher Dreigesang zusammen und verkünden, wie „Maria übers Gebirge ging" und wie die Engel die Hirten mit ihrem Halleluja aus dem Schlaf geweckt haben.

Der Schauspieler Rüdiger Röhrich, der das ganze Jahr keine Gelegenheit ungenutzt läßt, auf die Kirche, die Pfarrer, die Klosterfrauen und natürlich den Papst zu schimpfen, wird um diese Zeit ganz schnell und schmerzlos katholisch. Er erzählt in diesen Tagen oft schon am Nachmittag von dieser heilsbringenden Nacht, wo Rehlein und Füchslein, Hirschlein und Öchslein sich fromm um den Stall in Bethlehem versammelten.

Auch der Politiker Hubert Honig sei nicht unerwähnt, der, obwohl jeder weiß, wie es in seiner eigenen Familie ausschaut, und er – um mit Sigi Sommer zu sprechen – den Rest des Jahres nur so viel glaubt, daß man mit ein paar Pfund Rindfleisch eine gute Suppe kochen kann, dieser Politiker spricht nun in seinen diversen Weihnachtsansprachen ergriffen von der heiligen Familie, von Glaube, Hoffnung und Liebe und so weiter.

Die Beispiele dieser wundersamen Bekehrungen ließen sich noch beliebig erweitern, wobei natürlich nicht eigens vermerkt werden muß, daß diese Bekehrung, diese Einkehr und Umkehr, spätestens nach dem Heiligen Abend zur Abkehr wird, dann nämlich, wenn man alles zusammengekehrt hat, was das Weihnachtsgeschäft zu bieten hatte. Und ebensoschnell wie er aufzuscheinen schien, ist er nun wieder erloschen, der Schein des Sterns der Heiligen Nacht. Aber die so schnell Bekehrten und wieder Abgekehrten trösten sich vielleicht damit, daß sie sich während des ganzen Jahres mit dem Schein des Scheinheiligen schmücken dürfen.

Schalttag

Wenn i am heutigen Abend
am Plastikbaum de elektrische Beleuchtung gschalt
und beim Kripperl den vollautomatischen
Engelschor eigschalt hab,
wenn mei Bua sei Geschenk, as Computerspui,
und mei Tochter ihr vollautomatische Puppenküch
                                        durchgschalt,
mei Frau am Fernseher auf an Sender, da wos
Weihnachtsliader singa, umgschalt hat,
wenn ma alles fürs Christfest Wichtige eigschalt,
umgschalt und ogschalt habn,
na werd der Abend friedlich,
weil ma dann so schön abgschalt habn.

Weihnachten heut

Wennst siehgst, was draus gmacht ham
und wia ses ausgschlacht ham,
de Heilige Nacht, dann
konnst oft den Verdacht ham,
daß as heilige Paar,
in unsere Jahr,
heut vor Weihnachtn gar
auf der Flucht vielleicht waar.

Weihnachten heute

Immer wieder bin ich erschüttert, wenn mir Lehrer erzählen, wie schwer sie sich um die Weihnachtszeit herum tun, auf ihre Frage, was die Kinder über jene Ereignisse der Geburt des Herrn noch wissen, eine vernünftige Antwort zu bekommen. Wenn man den Worten dieser engagierten Lehrer glauben darf, dann sind es immer weniger Kinder, die mit dem Wort Weihnacht jenes Heilsereignis noch recht verknüpfen können.

Aber wie schaut es mit unserem Weihnachten aus? Lassen wir uns selber nicht zu sehr treiben, von dem Streß und der Hetze? Haben wir nicht oft selber auch schon – zumindestens in Gedanken – darüber geseufzt, was noch alles zu tun sei, bevor es dann soweit ist? Haben wir nicht den einen oder anderen Gedanken verwendet, ob sich der eine Abend mit seinen zwei Feiertagen wirklich lohne, daß man fast sechs Wochen ständig in dieser körperlichen und geistigen Rennerei aufgeht? Es fällt offensichtlich, je mehr das Weihnachtsfest seines ursprünglichen Sinnes entleert wird, immer schwerer, sich aus der Weihnachtshetze zu entfernen, für mich im besonderen, weil für einen Mundartautoren natürlich eine ganze Fülle von Anfragen vorliegen, ob man nicht dieses Jahr wieder bei einer Lesung mitmachen wolle.

Gott sei Dank schaffe ich es immer noch, mich auf diesen 24. Dezember zu freuen, vielleicht deshalb, weil ich, dank meiner lieben Eltern, Weihnachten über Jahre hinweg als ein Fest der Freude, der Geborgenheit und Gemeinsamkeit erleben durfte und selbstverständlich auch deshalb, weil mich als Christen immer wieder dieses Heilsereignis, an dem Gott seinen Sohn in die Welt geschickt hat, mit Freude und Hoffnung erfüllt. Für mich ist Weihnachten das Fest der Erfüllung geblieben, der Erfüllung der Zeiten durch die Ankunft des Herrn, aber auch die Erfüllung zumindestens einiger kindlicher, manchmal sogar kindischer Wünsche.

Man mag mir ruhig materialistisches Denken vorwerfen, wenn ich behaupte, daß Weihnachten auch etwas mit ganz banalen Wünschen zu tun haben kann. Ist es nicht schön, sich auf etwas zu freuen, in der Hoffnung, daß man es, wenn diese Wünsche nicht zu unverschämt waren, erfüllt bekommt? Freilich, wir sollten schon unseren Kindern lehren, auch mit den Wünschen gescheit umzugehen, ihnen verdeutlichen, daß man nicht alles wünschen kann und darf, und daß die Freude nicht automatisch mit der Menge des Erhaltenen steigt. Wieviel gescheite Erzählungen und Märchen gibt es, die das verdeutlichen! Da gibt es die Geschichten über die frommen Wünsche, wo eine Fee drei Wünsche gewährt und der Wünschende seine Wünsche so dumm formuliert, daß er am Ende nicht mehr oder sogar weniger hat als am Anfang.

Bis heute ist mir die Geschichte mit der Bratwurst in Erinnerung geblieben, die sich der Kasperl wünschte und als seine Frau aus Wut, daß er diesen ersten Wunsch so dumm vertan hatte, ihm wünschte, daß die Bratwurst an seiner Nase festsitzen möge, müssen beide halt den letzten Wunsch darauf verwenden, daß diese wieder von der Nase herunter kommt und auf dem Teller liegt.

Da ist aber auch jene blitzgescheite Geschichte vom Fischer und seiner Frau, in der eindringlich die Unbescheidenheit des Menschen angeprangert wird. Heute scheint es mir nötiger denn je, den Kindern ein bißchen jene Haltung der Bescheidenheit nahezubringen. Man schaue sich nur einmal das Fernsehen für Kinder am Samstag und Sonntag an, bei dem man den Kleinen einhämmert, sie müssen alles haben: „I want it all" ist das Resümee einer Werbung für Computerspiele, wo das Kind animiert wird, den Eltern nicht nur eines dieser meist idiotischen und kommunikationsfeindlichen Programme abzuluchsen, sondern sämtliche, die jeweils auf den Markt kommen, als unverzichtbar für das kindliche Glück und Wohlbefinden dargestellt werden. Da ist es schon wichtig zu lernen, daß erfüllte Wünsche immer neue gebären, daß die Freude über die Erfüllung von kleinen Wünschen oft größer ist als eine Überfüllung und Übersättigung. Im übrigen sollte man auch darauf achten, daß zu einem Wunsch ja immer auch gehört, daß er möglicherweise nicht erfüllt wird. Ist nicht das Besondere am Wünschen das prickelnde Gefühl, nie genau zu wissen, ob er erfüllt, ganz erfüllt oder nur halb erfüllt wird? Das Schöne, um wieder auf Weihnachten zurückzukommen, war es doch für uns Kinder, auch zu sehen, *wie* der Wunsch erfüllt wurde. Ich habe mich immer dagegen gewandt, daß man schon vor Weihnachten alles ausgesucht, genau angeschaut hat und dann unter den Christbaum legte. Irgendwie fühle ich mich immer an das schöne Gedicht „Vom Hunderter", das Herbert Schneider geschrieben hat, erinnert: „Schenkst du mir einen Hunderter, dann schenk' ich dir einen Hunderter." Ein wenig Spielraum sollte der Wünschende dem, der den Wunsch erfüllt, schon lassen.

Auch das könnte ein Gedanke zum Weihnachtsfest sein, daß sich der Mensch immer wieder einen letzten Sinn für sein Leben gewünscht hat, den er sich nicht selber erfüllen kann. Dazu bedarf es schon eines anderen, eines Höheren. Die Zusicherung dieses wohl elementarsten Wunsches der Menschheit seit ihrem Beginn gab aber jene Heilsnacht: ein Leben durch und bei Gott. In diesem Zusammenhang ist es höchst interessant, wenn Befragungen gezeigt haben, daß sich junge Menschen durchaus mit dieser Frage nach einem Weiterleben nach dem Tod beschäftigen. Eine Befragung, die der Religionspädagoge Werner Thiede bei 8- bis 19jährigen Grundschülern und Gymnasiasten zu ihren Vorstellungen über ein Leben nach dem Tod durchgeführt hat, zeigte, daß nur 17% der Befragten meinen, daß mit dem Tod alles aus ist. Erstaunlich ist freilich, daß immer noch verhältnismäßig wenig, nämlich 19%, von Himmel oder von Gott reden und nur 17% ein Paradies erwarten. Nur jeder zwanzigste bekennt sich noch zu der kirchenoffiziellen Auferstehung der Toten.

In den letzten Jahren scheint sich eine esoterische Vorstellung enorm breitgemacht zu haben. Hat hier nicht die christliche Verkündigung in den letzten

Jahren sowohl im Elternhaus als auch in der Schule versagt? Eindeutig steht nämlich der Wunsch des jungen Menschen, über solche existentiellen Dinge zu sprechen, im Vordergrund. Immer mehr hat man aber gemeint, solche Fragen nicht ansprechen zu müssen. Im Gespräch stellt man dann oft fest, daß manche Leute, nicht nur die jungen, an viel unwahrscheinlichere Dinge glauben als das, was ihnen unser schöner christlicher Glaube verkündet. Ist die Vorstellung der Reinkarnation so viel glaubwürdiger als jene Heilszusage, daß Gott für uns Wunder der Schöpfung vollbrachte, jedem einzelnen von uns nicht einfach nur sein Leben geschenkt hat, sondern es für alle Zeit bewahren wird? Ist es wirklich so unwahrscheinlich, daß wir glauben und hoffen können, daß Gott, der das großartigste aller Wunder des Lebens schuf, nicht will, wenn alles ohne Sinn und nirgends hinein verginge. Und sollten wir nicht glauben dürfen, daß unser kleines Glück, das wir immer wieder erfahren dürfen, eines Tages nicht vorbei und vergessen ist, sondern daß es erhalten wird im großen Wunder des Lebens, wo wir dann all das, was wir in unserem Erdenleben als schön und lebenswert erfahren durften, irgendwie wiederfinden? Gott hat den Menschen mit jenem Wunsch geschaffen, das Glück festhalten zu wollen. Dieser Wunsch kann in diesem Leben nicht erfüllt werden. Wir können die Zeiger der Uhr nicht aufhalten, aber wir können hoffen und glauben, daß wir in diesem Wunsch eine Erfüllung finden, wie auch immer er sich dieses Geschenk, dieses schönste aller Weihnachtsgeschenke, ausgedacht hat.

Zeitverschiebung

I konn mi no erinnern:
1960 hamma de Heilige Nacht
no auf Weihnachtn gfeiert.
1970 san scho um Nikolaus rum
de Christbäum aufgstellt worn.
1980 ham uns manche Gschäfter glei
am End vom November Weihnachtsgschenka obotn.
Seit 1990 spuin s' in de Kaufhäuser scho
auf Allerseelen Weihnachtsliader.
Des hoaßt, daß ma nach Adam Riese,
wenn's so weitergeht,
im Jahr 2000 scho zum Oktoberfest
Christbäum aufstelln wern.
Vielleicht 2010
fallt dann endlich Weihnachtn und Neujahr in' Sommer.
Und im Jahr 2020 konn dann der Maibaum
glei zum Christbaum umfunktioniert wern.
Aber aufs Jahr 2030 – wenn i des no daleb –
gfreu i mi heut scho:
denn dann is Weihnachtn um a ganz Jahr vorgruckt,
und de Heilige Nacht
fallt endli wieder mit Weihnachtn zsamm.

Die Botschaft

Wer woaß auf mei Frag'
a Antwort nauf, sag:
Was is bloß passiert,
wars falsch adressiert?
Net richtig frankiert,
hats der Postbot vertragn,
wohin hat ses verschlagn,
oder is' gar, ja mei,
wo in a Kartei
falsch eisortiert worn,
z'weit hint oder vorn,
z'weit vorn oder hint,
weil mas gar so schlecht findt,
net siegt und net hört,
weils net ognomma werd.
Interessiern daads mi scho:
Wo – wo – wo – wo –
wo is' hänga wohl bliebn,
de Botschaft vom Friedn,
von der Nacht, selbigsmal,
im Bethlehemstall?

Stille Nacht, heilige Nacht

Wie oft wird dieses alte, schöne Lied jetzt wieder gesungen? Aber können wir eigentlich noch mit diesen beiden Wörtern, „still" und „heilig", etwas anfangen? Zählt in unserer Welt, in der man mit Phonzahlen den Erfolg mißt, nicht in erster Linie das Laute? Schlagen uns nicht auch in jener Vorbereitungszeit von allen Seiten Lärm, Reklame, Werbesprüche entgegen? Einer versucht den anderen zu überschreien, um auch gehört zu werden.

Vielleicht sollten wir in diesen Tagen einmal ganz kurz innehalten und über das Wort von Meister Eckhart nachdenken: „Das ewige Wort wird nur in der Stille laut." Denn ist nicht gerade das Große sehr häufig auch das Stille, das sich ganz leise vollzieht? Der Wechsel der Zeiten, Frühling, Sommer, Herbst, Winter, Tag und Nacht, Nacht und Tag, Wachsen und Werden vollziehen sich in der Regel still. Auch die Zeit, die in und um uns ist, hört man nicht. Man hört nicht, wie sie teilt, wie sie feilt und ihren Weg in die Ewigkeit in aller Stille vollzieht.

Wer das Große sehen will, muß das Stille, Kleine verstehen, muß mit dem Herzen hinhören und selber oft stille werden. Gott kam in jener heiligen Nacht nicht mit großem Getöse und Lärm in die Welt, sondern seine Geburt vollzog sich im Kleinen und in aller Stille, was freilich nicht heißt, daß wir aufgrund dieses großen, stillen und heiligen Ereignisses nicht auch in Freude ausbrechen dürfen.

Der Advent ist die Zeit der Erwartung. „Warten", woran denken wir heute, wenn wir dieses Wort hören? An eine Bushaltestelle, an einen Bahnhof, einen Flugplatz. Wir warten, bis der Bus kommt oder jemand mit dem Zug kommt, den wir abholen. Wir warten auf das Wochenende, auf den Urlaub, vielleicht aber auch auf einen Lottogewinn, oder sogar auf das große Glück. Langes Warten macht uns manchmal nervös. Ich glaube aber auch, daß wir heute ein wenig verlernt haben, dieses Warten aushalten zu können, etwas abwarten zu können. Immer mehr versucht der Mensch, die Zeit des Wartens abzukürzen. Indem wir der Zeit immer weniger Zeit lassen, suchen wir Zeit zu gewinnen, alles so schnell wie möglich in die Gegenwart hereinzuholen. Ein Höhepunkt muß den anderen jagen.

Die Feste, die früher weitgehend durch die Jahreszeiten bestimmt waren, werden nun auch immer mehr von uns installiert. Unsere Ungeduld verhindert, daß etwas noch seine Zeit hat. Verlieren wir damit aber nicht auch manche Höhepunkte? Laufen wir nicht Gefahr, alles zu einem Mischmasch werden zu lassen? Ein wenig sollten wir uns zurückerinnern an unsere Kindheit. Das Warten auf etwas, auf jemand, die Vorfreude, die ja bekanntlich mit zu den schönsten Freuden zählt; dazu gehört, daß wir uns wieder ein wenig loslassen können, daß wir uns auf etwas oder jemand einlassen und uns erfüllen lassen, vielleicht auch erleuchten lassen in der Vorfreude auf jemand, auf den wir uns verlassen können.

Macht hoch die Tür

Um de Adventszeit alle Jahr,
da hörn ma von dem heilign Paar,
was' bei ihrm Suacha nach am Dach
erlebt ham alles, nach und nach,
wias ganz umsonst wo oklopft ham
und wia verschlossn allesam
de Leut ham ghaltn eahna Tür.
Und jeds Jahr wieder san dann mia
empört, wia damals seinerzeit
hartherzig warn de Herbergsleut.

Scho vui ham nachdenkt, wia des waar
in unsere Tag, und daß so schwaar
a solches Paar heut akkurat
bestimmt se aa bei uns no daad.
Denn Obdachlose, Flüchtlingsleut
gibts mehr wia gnua aa gwiß no heut,
de wo drauß staandn vor am Tor.
Und trotzdem bleibt der Riegel vor,
weil ma uns denka: Mia waars gnua,
bloß net bei uns, laßts uns in Ruah.

Des is scho alt und is modern:
Ma möcht in Ruah gern glassn wern.
Der ander, wenn ma ehrlich san,
stört unser Ruah halt dann und wann,
und des ganz bsonders, wenn er net
wia mia so ausschaugt, anders redt,
wenn er von anderswoher kimmt
und wenn er anders se benimmt.
Woher nimmt se der ander 's Recht,
daß er wer anderer sei möcht?

Wer anders is, ned denkt wia mia,
vor dem versperr ma unser Tür.
De Tür da drinna, moan i, wo
schlimmer wia d'Tür vom Haus sei ko,
wenn ma nix anders einelaßt
wia des, was uns in Kram neipaßt.
Vorurteil, Verständnislosigkeit,
Ablehnung und Gehässigkeit,
des san de Riegel, wo as Hirn
und 's Herz damals wia heut blockiern.

Macht hoch die Tür, die Tor macht weit,
so sing ma im Advent zur Zeit.
A bisserl gaang de Tür scho auf,
achtatn mia a wengerl drauf,
daß mia uns in den andern nei
versetzn, was an seiner Stell
mia daadn, wenn dort vor der Tür
als „andre" draußn staandn mia.

Werbung

Wer die neuesten Nachrichten der Tagesschau anschaut, entsprechende Berichte und Kommentare verfolgt, erlebt in aller Deutlichkeit, daß diese Welt keine absolut heile ist. Manchmal hat man sogar den Eindruck, daß manche bestrebt sind, diese Welt als eine absolut unheile darzustellen. Dies geschieht nicht zuletzt in vielen Filmen und auch in der Kunst, in der das Häßliche längst mehr künstlerischen Wert als das Schöne zu haben scheint.

Manchmal mutet es, speziell bei gewissen Privatsendern, grotesk an, wenn zwischen Leichen, Katastrophen, Diskussionen über alle Übel dieser Welt plötzlich der letzte Rest einer heilen Welt wieder laut und sichtbar wird, denn die heile Welt hat oft lediglich noch ein Refugium in der Werbung. Da tauchen dann die sonst so viel geschmähten Begriffe wie „rein", „sauber", „glücklich", „gesund", „Freude" usw. wieder auf.

Auch bei den gezeigten Familien stimmt es noch: Vater, Mutter, die Kinder, ja sogar die Großeltern ziehen am selben Strang und sind – natürlich mit Hilfe des entsprechenden Werbeproduktes – glücklich miteinander. Natürlich wissen wir alle, daß die Werbung, um mit Packard zu sprechen, „die Kunst ist, auf den Kopf zu zielen, um die Brieftasche zu treffen" oder, wie Joachim Schwethelm meint, „ein Produkt so zu rühmen, als hätte es keine Werbung nötig." Es ist ein offenes Geheimnis, daß die Werbung verspricht, die offenen und geheimen Wünsche und Sehnsüchte des Menschen zu erfüllen: Glück, frohe Gemeinschaft, Freude und natürlich das Heil.

Wer freilich genauer hinschaut und hinhört, merkt schnell, daß es sich dabei meist um etwas Flüchtiges und Vordergründiges handelt, und daß man, um bei den Werbespots für bestimmte Gesundheitsmittel zu bleiben, ganz gut daran täte, „wegen Nebenwirkungen alles ganz genau durchzustudieren, oder den Rat des Arztes einzuholen".

Es kann leicht sein, daß wir über diesen lauten und ständig wiederholten Versprechen, die gerade in der Zeit vor Weihnachten auf uns einprasseln, eine Verheißung, vielleicht *die* Verheißung, ganz überhören und nicht mehr wahrnehmen, welche uns das Heil, das Leben, die Gemeinschaft und die Freude schlechthin verspricht. Vielleicht sind wir

aber auch zu schnell geneigt, diese Botschaft zu überhören, weil sie etwas mehr von uns verlangt als den Gang ins nächste Geschäft, den Griff ins Regal, das Ankreuzen eines Bestellkatalogs, mehr verlangt als den Griff in die Geldbörse oder das Ausstellen eines Schecks. Sie fordert, fordert uns ganz heraus. Dafür geht es bei dieser Frohbotschaft aber auch wirklich um uns, um unser Heil, weshalb wir sie ja dann auch als Heilsbotschaft bezeichnen. Vielleicht sollten wir Christen für sie wirklich mehr Werbung machen.

Botschaften

»Der Engel des Herrn brachte die Botschaft«, so
heißt es im Neuen Testament. Die Engel sind schon
von ihrem Namen her die Botschafter Gottes. Sie
überbringen eine wichtige Nachricht Gottes. Etwas
Besonderes wird von ihnen verkündet. Der Begriff
Botschaft, Nachricht, Meldung war für die Menschen schon immer ein wichtiger. Eine Botschaft ist
nicht einfach ein bloßes Reden, miteinander Sprechen, sondern es geht darum, daß etwas besonders
Beachtenswertes überbracht wird. Die Geschichte
ist voll von Zeugnissen, wo eine solche Botschaft

eine besondere Rolle spielte, wo sie auch teilweise unter Einsatz des Lebens überbracht wurde. Erinnern wir uns nur an den Marathonläufer. Zwar spielen auch heute die Nachrichten noch eine große Rolle, denkt man nur daran, daß die Tagesthemen bzw. die Tagesschau fast noch immer die höchsten Einschaltquoten haben. Aber es taucht doch die Frage auf, welche Nachrichten uns wirklich etwas bedeuten. Einmal ganz ehrlich, was wissen wir am darauffolgenden Morgen noch von Nachrichten, die wir am Vorabend gehört oder gesehen haben? Oder was bleibt uns bis zum Abend von der Morgenlektüre der Zeitung im Gedächtnis?

Unsere Zeit ist vielfach charakterisiert worden. Eine treffende Bestimmung ist die, daß wir eine überinformierte Gesellschaft sind. Denn heute strömen von allen möglichen Seiten Nachrichten auf uns ein. Die Medien, die uns ständig umgeben, vermitteln uns alle daumenlang irgendwelche Nachrichten. Während man den Boten und seinen Absender früher kannte oder etwas von ihm wußte, sind heute die Boten (gleich Mittler, gleich Medien) und die Sender sehr häufig anonym: »Es« wird gemeldet, im Fernsehen wurde gezeigt, »es« stand in der Zeitung... Natürlich wissen auch die »Sender« von unserer Überinformiertheit und versuchen uns ständig die Meldungen, die ihnen am wichtigsten erscheinen, bzw. mit denen sie unsere Aufmerksamkeit am ehesten erwecken wollen, hervorzuheben. Man verkündet etwas besonders laut, verwendet den Fettdruck, die Balkenüberschriften, verkauft etwas besonders reißerisch oder verpackt es irgendwie recht geschickt mit allen möglichen psychologischen Tricks. »Nehme man den Zeitungen den Fettdruck, wieviel stiller wäre es in der Welt«, stellt schon Tucholsky ironisch fest. Kein Wunder, daß es uns immer schwerer fällt, zu unterscheiden, nach welchen Nachrichten wir uns richten sollen. Häufig wird die Frage gar nicht mehr gestellt, ob man demjenigen, der die Botschaft ausgesprochen hat, überhaupt trauen kann, ob er die Autorität besitzt, daß wir uns nach ihm richten können, ob er überhaupt jemand ist, der uns etwas zu sagen hat. Natürlich fällt es schwer, die Meldungen ständig auf ihre Wahrhaftigkeit zu überprüfen. Manchmal machen wir es uns aber auch zu leicht, sind zu leicht-, zu gutgläubig. »Ereignisse haben«, um nochmals Tucholsky zu zitieren, »manchmal Unrecht, die Zeitung hat es nie.«

Auch das gehört zu den Merkwürdigkeiten unserer informationsüberladenen Zeit, in der man zwar sehr gerne einschaltet, aber längst abgeschaltet hat, bevor man auf den Abschaltknopf drückt. Da die schlechten Nachrichten, die Katastrophenmeldungen, uns noch eher erreichen als gute Nachrichten, ist die Frage, ob wir heute überhaupt noch in der Lage sind, eine frohe Botschaft, wie sie uns in jener Heilsnacht verkündet wurde, recht wahrzunehmen.

Hätte sie neben und inmitten der Balkenüberschriften, der Werbesprüche, Inserate, Kommentare, letzten Meldungen, dem Wichtigsten vom Tage usw. überhaupt eine Chance anzukommen? Aber brauchen wir nicht eine solche Botschaft, die uns überhaupt in die Lage versetzt, die ganzen Nach-

richten, Meldungen usw., die uns tagtäglich, stünd-
lich erreichen, überhaupt einzuordnen? Brauchen
wir nicht etwas, was uns als existentielle Botschaft
bewegt, was uns eine Disposition gibt, von der aus
wir dann überhaupt erst gewichten können? Brauchen wir nicht eine solche Botschaft mehr denn je,
um die vielen negativen, traurigen Meldungen, die
uns tagtäglich aus allen Teilen dieses Planeten erreichen, überhaupt verdauen zu können? Wenn schon
J. B. Priestley etwas sarkastisch meint: »Der Opti-
mist ist in der Regel ein Zeitgenosse, der ungenü-
gend informiert ist«, dann muß man sich fragen, ob
wir, die wir doch ständig mit allen möglichen negativen Meldungen konfrontiert werden, wirklich
überhaupt noch optimistisch, hoffnungsvoll denken
können. Ist es da nicht nötiger denn je, eine Botschaft von einer wirklichen Autorität zu besitzen,
die uns mit ihrer frohen Botschaft trotzdem noch
glauben und hoffen läßt, daß alles seinen Sinn hat?

Friedenslied

Friedn, ham d'Engel gsunga, soll werden,
Friedn, hams gsunga, den Menschen auf Erden.
Gsunga ham ses, de Engel, und net
a Ansprach ghaltn oder a Red.
Und vielleicht waar as Liad und d'Musi, denkts nach,
fürn Friedn de oanzig richtige Sprach.
Mit Musi, da konn ma Freude verkündn,
de Menschen, de Rassn und Völker verbindn.
Wia waars, wenn ma öfters drüber nachdaachtn
und a bißl mehr Musi ins Lebn neibraachten,
wenn ma statt Kriagsinstrumente und Waffn
uns liaber Musikinstrumente oschaffn?
Auf unserer Welt lassat besser se wohnen
mit Kanonsinga, statt mit Kanonen.
Mit Geign und Flötn, mit Chören, Motettn
anstatt mit Panzer oder Raketn.
Anstatt zu de Schwerter, de spitzign, scharfn
waars gscheiter, ma greifat öfter in d'Harfn.
Und wenns um a „Kontra" wirklich mal gaang,
na daad's doch a Kontrabaß aa scho lang.
Fürs Schlagn daads a Schlagzeug und a Hackbrett fürs Hacka.
Wenn ma also des Ganze musisch opacka,
daad koa Angst und koa Schreckn de Leut net erschüttern.
Denn vorm Zitherspuin braucht neamad net zittern.
Schee waars also, wenn des d'Politiker wüßtn,
statt mit Waffn mit Noten de Völker ausrüstn…
Doch werd i bei dene, wo über Raketn
entscheidn, durchfalln mit Pauken und Trompeten,
weil de mei Friedensliad net begreifn
und aufs Musimacha und Singa… bloß pfeifn.

Neues Leben

„Ein Kind ist uns geboren, ein Sohn ist uns ge-
schenkt...", hören wir jetzt wieder als Botschaft auf
Weihnachten. Denken wir bei der Geburt eines
Kindes noch immer daran, daß es ein Geschenk ist?
Ich las einmal eine Geburtsanzeige, die lautete: „Ge-
plantes Projekt abgeschlossen."

Denken wir einmal über dieses neue Leben nach.
Hier liegt in seinen Windeln etwas Neues, Einmali-
ges, etwas bzw. jemand, den es noch nie in der ganzen Geschichte unserer Schöpfung, oder von mir
aus auch vom Urknall bis jetzt in diese Sekunde
hinein, gegeben hat. In ihm beginnt eine neue kleine
Welt. Er oder sie ist nur er, sie selber, unvertausch-
bar, unverwechselbar. Wieviele Begegnungen in seiner Ahnenreihe waren notwendig, daß er oder sie
hier liegen kann? Über dem Biologischen, der Be-
fruchtung, dem Embryodasein und der Geburt,
sollten wir nicht vergessen, daß dieser Bios, dieses
Leben, etwas Wunderbares, Geheimnisvolles, Zau-
berhaftes ist, das sich aus der Biologie heraus nicht
erklären läßt. Leben ist das Wunder schlechthin.
Und jetzt lebt so ein kleines Wesen. Es empfindet
bereits, spürt, bewegt sich, nimmt wahr. Ja, es
nimmt alles wahr, was man ihm sagt, was man ihm
vorlebt.

Welche Verantwortung gegenüber diesem kleinen Bündel da, es nicht zu betrügen!

Ich stelle mir oft die Frage, wenn ich irgendeine
gescheiterte Existenz beispielsweise in der Münch-

168

ner Fußgängerzone liegen sehe, wie das wohl bei dessen Geburt war. Gut, es kann sein, daß er oder sie schon von Anfang an abgelehnt wurde. Aber vielleicht wurde er oder sie auch mit Freude empfangen, mit Hoffnungen. Wann kam er/sie auf die erste falsche Bahn? Wann ging es abwärts? Der weise Pädagoge Karl Wolf hat uns Studenten einmal gesagt, wir sollten immer daran denken, wenn wir über einen Menschen reden, urteilen: „Sieh, da ist vor dir jemand, der mit Schmerzen von seiner Mutter zur Welt gebracht wurde. Sieh in ihm das kleine Kind, das er einmal war, und frag dich, was mit ihm bisher geschehen ist!"

Dieses junge, neue Wesen hat auch die Chance, vieles Neue, bisher nie Dagewesene in diese Welt zu bringen. Vielleicht wird es sogar ein großer Erfinder, ein Sprachschöpfer, aber es wird auf alle Fälle viele Begegnungen haben, bei denen es etwas weitergeben kann. Es hat die Chance, etwas Großartiges von sich aus in diese Welt zu bringen: Es kann Liebe schenken. Und Liebe ist immer etwas Neues, in der jeweiligen Form nie Dagewesenes.

Bestimmt wird es bald die ersten Fragen stellen. Gibt es etwas Großartigeres als ein fragendes Kind, das diese Welt entdecken will, daß in jedem kleinen Wesen, sobald es etwas sieht, hört, spürt, Fragen aufkeimen, daß es darüber- und dahinterschauen will, Zusammenhänge sehen lernen möchte, und schon bald in irgendeiner Form nach einem Sinn fragt? Jawohl, kleine Kinder sind „ursprünglich Fragende". Sie sind, wie ich meine, Wichtigeres und Wesentlicheres als der Erwachsene.

Schau dir die kleinen Händchen an! Es greift und es versucht zu begreifen, auch wenn es manches später nie begreifen wird. Bald wird es die ersten Worte sprechen. Welche Verantwortung für uns, diese ersten Worte mit dem entsprechenden Leben zu erfüllen. Wir denken viel zu selten darüber nach, daß jeder, der ein bestimmtes Wort spricht, etwas ganz anderes damit verbindet, ganz andere Erfahrungen und Erlebnisse in diesem Wort schwingen. Was wird in späteren Jahren für ein Bild hinter dem Wort „Vater" oder „Mutter" stehen, oder in dem Adjektiv „schön", „gut", „bösc"?

Ich habe mich oft gefragt, wenn wir Weihnachten feiern, was in diesem kleinen Christuskind vorgegangen sein mag, das doch ganz und gar Mensch war. Hat es wirklich schon gewußt, was ihm alles bevorsteht? Eigentlich, als allwissender Gott hätte es das ja wissen müssen, daß es verraten werden würde und die Qual des Kreuzestodes auf sich zu nehmen habe. Aber das ist wohl ein großes Geheimnis. Und Gott sei Dank überwiegt bei der Geburt des Erlösers auf Weihnachten bei uns nach wie vor die Freude, daß hier ein kleines Kind wie all die andern kleinen Kinder geboren wurde, aber noch einmaliger als alle kleinen Kinder: wahrer Gott und wahrer Mensch zugleich, ein Kind, das über die Möglichkeit hinaus, welche jedes Kind hat, Leben in diese Welt zu bringen, ein ganz neues Leben geschenkt hat. Denn durch seine Geburt kam die Hoffnung auf ein neues, ewiges Leben in die Welt.

Aufwecken

Und der Engl is komma und hats aufgweckt, de Leut:
„Wachts auf", hat er gsagt, „und verschlafts net de Zeit,
verschlafts net de Zeit, machts auf eure Augn,
sperrts auf eure Ohrn, horchts hi und deads schaung,
wachts auf", hat er gsagt, „'s waar z'schad, wenns bloß traamts
und über dem Traama was Wichtigs versaamts."
Aa in unserer Zeit daads uns öfter net schadn,
wenn ma hin und wieder mehr aufwacha daadn.
Daß i aufwach und net bloß in mi einistier
und über nix anders wia mi nachsinnier,
aufwach, daß i an mein Vorteil bloß acht
und de andern als Mittel zum Zweck grad betracht,
aufwach und mi aa für andere plag
und daß i, wenns is, mei Meinung aa sag,
aufwach vom Jammern und Wehleidigsei,
vom Grantln und Schimpfn bloß allerwei,
mein Kopf net in Sand grad oiwei neisteck,
sondern daß i as Schöne um mi rum entdeck,
aufwach und net bloß satt und bequem
verbrösl mei Zeit, verbrösl mei Lebn,
aufwach aber aa von der Hetz ohne Sinn
und mi frag hi und da, warum i da bin.
Aufwach und frag, was wesentlich is,
und daß i net ganz nach obn z'schaugn vergiß.
Aufwach und denk genau an de Nacht,
da wo der Engel de Botschaft hat bracht
und net bloß de Hirtn as Heil hat verkündt.
Des Heil is für jedn, wenn ers bloß findt,
wenn er aus seim Schlaf, aus seim Traama aufwacht
und se so wia de Hirtn aufn Weg zu dir macht.

171

Die Krippe

Da saß er nun wieder in seinem Dienstwagen und raste von dem Adventsnachmittag im Altenheim zu der vorabendlichen Weihnachtsfeier im Landratsamt. Vier Termine mußte er heute noch wahrnehmen. Man muß sich ja als Politiker sehen lassen und sein Grußwort an die Leute richten. Womöglich ist der von der Gegenpartei auch da und wird einem die Schau stehlen. Es gehört schon zu den Merkwürdigkeiten unserer Zeit, dachte er sich, daß man ausgerechnet die Zeit der größten Hetze die „staade" Zeit nennt. Wahrscheinlich wäre das Heilige Paar, wenn es heute leben würde, in diesen Tagen nicht auf der Flucht vor Herodes, sondern vor den ganzen Weihnachtsvorbereitungen.

Heiliges Paar. Da fiel ihm ein, daß er ja heuer ein Kripperl besorgen wollte. Die Kinder hatten sich eines gewünscht, weil das alte, das ohnehin schon etwas ramponiert gewesen war, als man es im Januar wieder auf den Speicher tragen wollte, heruntergefallen war und die meisten Figuren ihre größeren oder kleineren Schäden davongetragen hatten. Wie's der Zufall wollte, bekam er just an diesem Nachmittag von der Leiterin des Altenclubs, der Rosa Varenzki, einen der prächtigen Heiligen Drei Könige geschenkt, den sie selbst in mühseliger Kleinarbeit mit herrlichen Kleidern ausgestattet hatte. Da kam ihm eine Idee: Wie wär's denn, wenn er bei seinen vielen Verpflichtungen die Augen und Ohren aufhalten und an der einen oder anderen Stelle diese oder jene Figur besorgen würde?

Als er dann am nächsten Samstagnachmittag den Otterloher Christkindlmarkt mit ein paar Grußworten eröffnete, erstand er tatsächlich am Missionsstand einen holzgeschnitzten Elefanten für den einen der Heiligen Drei Könige. Bei der Einweihung der Berufsschule zeigte er besonderes Interesse an einem von den Schülern hergestellten Kripperl, und dem Schulleiter war es eine große Ehre, ihm dasselbe als Präsent zu überreichen. Und so ging's weiter: ein paar kleine, von den Grundschulkindern aus Ton hergestellte Schafe, beim Verein für Schäferhunde eine Kleinausgabe eines Wachhundes für die Lämmlein und Schäflein usw. usf. Einheitlich waren sie ja nun nicht, die Figuren, aber vielleicht war das gerade das Besondere an dieser Krippe! Da und dort machte er sich schon Gedanken über diese Art von Kurzfeiern. Hatten früher nur die großen Vereinigungen und Vereine ihre eigene Advents- und Weihnachtsfeier gehabt, so war es inzwischen Mode geworden, daß von jedem Großverein auch noch die Untervereine ihr eigenes adventliches Zusammensein abhielten, daß es sich kein kleiner Ort in seinem Landkreis mehr leisten konnte, auf das Adventsingen zu verzichten, daß also das reinste „Adventerts" ausgebrochen war.

Äußerst unterschiedlich waren sie ja, diese adventlichen oder weihnachtlichen Feiern. Häufig verbarg sich hinter ihnen ein bloßes Essen und Trinken, oder daß irgend jemand aus der Firma ein paar nichtssagende Worte über den Jahresabschluß sprach. Da gab's aber dann auch Weihnachtsfeiern, die eher einem Faschingsball glichen, mit Tombola, Christbaumversteigerung und Tanzmusik, natürlich auch ein paar besinnlichere Veranstaltungen, in denen einige renommierte Gruppen ein paar Hirtenlieder vortrugen oder von den Freuden des Winters, dem Ski- und Schlittenfahren und dem Eisstockschießen, pax hurra dax, ein Lied erschallen ließen. Und er mußte überall etwas sagen, auch wenn er vielleicht gar nichts zu sagen gehabt hätte, weil er gar nicht genau wußte, um welche Art Publikum es sich handelte. Das war deshalb nicht sehr leicht, denn man mußte ja der Pluralität Genüge tun, dem Sankt Pluralismus, dem wohl einzigen Heiligen, auf den sich unsere Gesellschaft geeinigt hat, Tribut zollen. Dabei ist das Entscheidende, daß man niemandem weh tut, keine Weltanschauung verletzt, denn auch wenn die Veranstaltung Weihnachtsabend oder -nachmittag heißt, kann man es sich natürlich nicht leisten, etwas Weihnachtliches zu sagen, es könnten ja genügend dabei sein, die von dieser Sache nichts mehr halten. Aber er wäre kein Politiker gewesen, wenn er nicht auch für solche Reden eine gewisse Routine entwickelt hätte.

Ein bisserl was über die Winterzeit, ein wenig was vom Brauchtum und auch ein paar Worte über Soziales, und die Liebe kann natürlich nicht schaden, da hat man immer recht, da stößt man nie damit an.

So liefen auch in diesem Jahr wieder seine Veranstaltungen ab. Heuer machten sie ihm sogar ein bißchen mehr Freude als im vorigen Jahr, weil er, wie gesagt, nebenbei immer Ausschau hielt, wie er seine Kripperlmannschaft vervollständigen könnte. Seiner Frau und den Kindern hat er schon versprochen, daß es heuer eine kleine Überraschung unterm Christbaum geben werde. Endlich war es soweit. Am Heiligen Abend mußte er zwar noch am Mittag eine kleine Feier in seinem eigenen Amt abhalten, aber dann begann er am späten Nachmittag den Christbaum aufzustellen.

Voller Freude holte er Kripperl und Figuren aus der Kiste, die er versteckt gehalten hatte. Ganz schön schwer war sie geworden, und was da alles drinnen war! Es bereitete ihm immer mehr Freude, das alles aufzubauen, was er geschenkt bekommen oder auch erstanden hatte. Prächtig schaute sie aus, die Schar der Hirten mit ihren verschiedenen Tieren; ein richtiger Tierpark war zusammengekommen, wenn man die Gefolge der Heiligen Drei Könige anschaute. Eigentlich waren es ja nicht nur drei Könige, sondern eine ganze Reihe von königlichen Gestalten.

Besonders schön war das geschnitzte Heilige Paar anzuschauen, das er in der Holzschnitzerschule erstanden hatte, wo er an einem Adventsabend den Leiter ehren mußte. Mein Gott, die Zeit, dachte er, die Kinder wollen doch endlich die Bescherung anschauen! Schnell legte er noch die übrigen Geschenke für seine zwei Kinder und seine Frau unter den Christbaum. Das Prächtigste aber war wohl das bunt zusammengewürfelte Kripperl. Da würden die Kinder staunen!

Endlich war es soweit. Er zündete die Kerzen an

und entfachte einige Sternwerfer, griff zur Glocke, und schon kam seine Frau mit den Kindern an der Hand herein. Als erstes stürzten sie sich auf die prächtige Krippe mit ihrer bunten Menschen- und Tierschar. Ein Oh und ein Ah und ein Ui kam über ihre Lippen. Der kleine Peter kniete sich hin und betrachtete jede Figur ganz genau. Auf einmal schaute er seinen Vater groß an: „Du, Papa", meinte er, „schau einmal, da fehlt doch etwas!" Was sollte denn da noch fehlen, wo er sich bei seinen Besorgungen doch so viel Mühe gegeben hatte? Aber er schaute genauer hin. Jetzt sah er es: Er hatte das vergessen, was Advent und Weihnachten seinen Sinn verleiht: Das Kripperl im Stall war leer. Das Christkind hatte er über den Weihnachtstrubel ganz vergessen.

Das Ende ist immer auch ein neuer Anfang

Am End zua

Und wieder is a Jahr fast um,
geht staad seim End scho zua,
de Flockn falln, und um mi rum
beginnt a große Ruah.

Jetzt is de Zeit, wo ma in allem
den großen Abschied spürt
und wo ma mehra als wia sonst
über alls nachsinniert.

Wenn eppas da is um uns rum,
na siegt mas meistens net,
ma spannt's bekanntlich meist erst dann,
wenn was von uns weggeht.

Vui trüaber scheint de Welt jetzt z'sei,
viel früahra werds jetzt Nacht,
warum ma besser aa wia sonst
jetzt auf des Liachte acht.

Drum schaugt ma nach was Hellem aus,
schaugt, wo a Stern jetzt glimmt,
ob net a Funkn Hoffnung wo
her ausm Dunkeln kimmt.

's neue Jahr

Dreikönig is jetzt aa scho um,
vom Christfest 's letzte Stuck.
Der Christbaum steht im Garten rum,
ganz ohne jeden Schmuck.

Was bunt, voll Gold und Silber war,
voll Kugeln, Nuß und Stern,
is ohne Nadeln, dürr und laar,
und wart' aufs Abgholtwern.

De Gschenka tragt ma längst jetzt scho
und morgn is Schulanfang!
As neie Jahr, grad geht's erst o,
geht scho den altn Gang.

Abschied

Wir alle haben sie schon gemacht, diese merkwürdige Erfahrung: Wenn etwas zu Ende geht, drängt es
uns, noch einmal zurückzuschauen. Kann sein, daß
man am letzten Urlaubstag noch einmal bewußt den
vertrauten Weg zu seinem Lieblingsplatz geht, auf
einen Berg, einen Hügel, eine Düne steigt, von wo
aus man das Ganze noch einmal überschaut. Und
dort, meist in verklärten Farben, die schöne Zeit
noch mal an unserem geistigen Auge vorbeiziehen
läßt. Auch späte Herbsttage sind Tage des Rück-
schauens. Man denkt bei den fallenden Blättern und
kahler werdenden Ästen ans Frühjahr, wo sich die
Natur mit Farben zu füllen begann, und erkennt
wieder einmal, wie schnell alles vergeht.

In unserem Leben gibt es immer wieder Zeiten,
in denen wir merken, daß etwas zu Ende geht, daß
es Zeit ist, für kurz, länger oder immer Abschied zu
nehmen. Dieser Gedanke des Abschieds gebiert
gleichsam unsere Erinnerungen, und im Rückblick
sehen wir oft etwas ganz neu.

Nietzsche sagt: „Von dem, was du kennen und
messen willst, mußt du Abschied nehmen, wenigstens auf eine Zeit. Erst, wenn du die Stadt verlassen
hast, siehst du, wie hoch sich ihre Türme über die
Häuser erheben."

Da erkennen wir oft viel klarer, was wirklich
schön, gut, aber auch schmerzlich und traurig war.
Der Abschied schärft unseren Blick für das Wesentliche. Da gibt es eine ganz merkwürdige Erfahrung.

Es kann passieren, daß wir beim Weggehen von jemandem, der uns vertraut geworden ist, sogar die kleinen Eigenarten, die uns vorher gestört haben, als etwas Liebenswertes registrieren. Beim Weggehen geht uns plötzlich auf, wie sehr uns nun manches abgehen wird, was wir bisher kaum beachteten, weil wir es als selbstverständlich betrachteten. „Beim Abschied wird die Zuneigung zu den Sachen, die uns lieb sind, immer ein wenig wärmer", sagt Montaigne.

Leben ist immer wieder auch ein Abschiednehmen, und Abschied ist in der Regel etwas Trauriges. Der Gedanke an den Abschied kann es aber auch mit sich bringen, daß wir unser Leben bewußter leben, daß wir das Glück des Augenblickes mehr zu schätzen wissen, daß wir bei dem Gedanken, daß nichts für immer währen kann, dankbarer werden für das Geschenk des Augenblicks.

Winter

Der Acker liegt jetzt weiß und kalt,
as Land is wia ausgstorm.
De Weg ham se im Schnee verlorn,
schwarz steht der Winterwald.

So staad is, daß ma 's Staade hört,
des über allem liegt,
so leer is, daß ma 's Leere siegt,
in des alls eitaucht werd.

Von irgendwo falln Flockn her,
ins Irgenwohin nei...
Verliern se in am Weißn glei
wia Tropfa in am Meer.

Silvester

Jeds Jahr auf Silvester, es laßt se net leign,
da bin i ganz anders, fast a kloans bißl eign.
Wenn andere tanzn und Gaudi macha,
konn i nia lacha.
Wenns Raketn kracha laßn,
draußn auf der Straßn,
wenns 's neue Jahr oschiaßn
und mit Sekt begiaßn,
wenn se alls gefreut, daß des Alte vergeht,
gfreu i mi net.
Dann bin i alloa wia koana,
und mir is fast zum Woana.

Abgstorbn

Wer jetzt as Land im Winter siegt,
so wias ganz abgstorbn vor uns liegt,
wer ohne Blattl jetzt an Baum
se oschaugt, der kann fast net glaubn,
daß er, der ausschaugt wiara Besn,
a toter, ja voll Lebn is gwesn,
daß er im Fruahjahr voller Saft,
voll Blüah is gewesn, voller Kraft.
So is' mit vui rund um uns rum:
Mia sehgn vom meistn bloß a Trumm,
a bisserl grad, a ganz kloans Stück,
bloß an Moment, an Augenblick.
Was weiter und was tiafer geht,
des sehgn ma mit de Augn oft net.
Zum weiter und zum tiafer Schaugn,
da müaß ma an des Guate glaubn.

Gedanken über das Wort Zeit

Wenn das Jahr in seine letzte Runde geht, dann denkt man vielleicht öfter als während der vergangenen Monate an dieses geheimnisvolle Wörtchen Zeit. Öfter hören wir uns jetzt sagen: Mein Gott, ist die Zeit schnell vergangen. Es macht den Menschen geradezu in seinem Menschsein aus, daß er über die Zeit nachdenkt. Der Philosoph Max Müller sagt: „Der Mensch hat eine andere Zeit als das Tier, weil er das Wesen ist, das sich selbst Zeit nimmt und Zeit gibt, das seine Zeit bestimmt und sich nicht einfach die Zeit geben läßt." Er weiß, daß er eine bestimmte Zeit, seine Lebenszeit, mitbekommen hat, weiß zwar nicht, wie lange seine Zeit währen wird, kann es nur ungefähr abschätzen, spürt aber, daß diese Zeit nicht nur Gabe, sondern auch Aufgabe ist.

R. Boller sagt: „Die Zeit ist Gottes Art, Kredit zu geben", und Rudolf Rolfs meint: „Die Zeit ist eine Vase. Es kommt darauf an, ob man Disteln oder Rosen hineinstellt."

Man könnte eine Epoche, eine bestimmte Zeit, aber auch den einzelnen Menschen in seiner Zeit geradezu charakterisieren in seinem Verhältnis zu diesem geheimnisvollen Wort Zeit. Wie halte ich es selber mit der Zeit? Was ist mir die Zeit? Sollten wir nicht hin und wieder eine solche kleine Gewissenserforschung gerade anhand dieses Begriffes machen? Wie stehen wir zu dem geflügelten Wort „Zeit ist Geld"? Vergessen wir über diesem Wort oft nicht die wirkliche Lebensweisheit, daß Zeit das kostbarste Gut überhaupt ist, man sie eben für Geld nicht kaufen kann? Für was nehmen wir uns selber Zeit? Verbringen wir nicht viel Zeit nur damit, Zeit einsparen zu wollen, um dann, wenn wir ein paar Minuten gewonnen haben, nicht mehr zu wissen, was wir mit dieser Zeit anfangen sollen?

Heute gibt es den schönen Satz: „Ein Tag hat 24 Stunden, eine Woche 35 Stunden." Zeitprobleme sind in unserer Zeit sehr häufig zu Freizeitproblemen geworden. Man ruft nach immer mehr Freizeit und weiß dann – wie das im übrigen häufig mit dem Wörtchen Freiheit ist – nichts mehr mit diesem Freisein anzufangen. Und an die Stelle des Begriffs Freizeit tritt dann bei manchen bedeutungsgleich der Begriff Langeweile.

„Mit Tempo", sagt Werner Mitsch so treffend, „versucht der Mensch die Zeit zu überholen." Bei diesem Überholen aber kommen wir außer Atem. Wir schauen zwar häufig auf die Uhr, erkennen aber immer weniger, was die Stunde geschlagen hat. Wenn wir also zurückschauen auf die Zeit, die hinter uns liegt, könnten wir auch überlegen, war es eine gute Zeit, wann haben wir der Zeit einen besonderen Sinn gegeben? Sind die Stunden nur wie in einer Sanduhr verflossen und zerronnen, oder haben wir bei aller Unaufhaltsamkeit des Zeitenflusses nicht doch aus der Zeit etwas gemacht, kleine Zeitzeichen gesetzt?

Der Mensch hat eigentlich immer wieder versucht, gegen diesen Fluß der Zeit anzugehen, indem er in diesen Strom des Verfließens etwas wie Dauer einbringen wollte. Ist nicht Kunst und Kultur auch daraus zu erklären, in der Vergänglichkeit der Zeit etwas zu verewigen? So haben die Menschen von früh an etwas in Stein eingeritzt, eingeschlagen, aus Stein etwas geformt, dem Stein, dem Symbol des Beständigen, Ewigen. Auch darin zeigt sich das Wesensmerkmal des Menschen in seiner Sehnsucht nach dem Ewigen, und sei es nur in dem Bestreben, in einem Bild etwas festhalten zu können. Auch das wäre eine Frage zu einer Gewissenserforschung: Wie halten wir es mit diesem Begriff des Ewigen? Spielt es in unserem Lebenslauf, der sehr häufig sogar zu einem Lebenshasten geworden ist, überhaupt noch eine Rolle, oder was denken wir überhaupt noch, wenn wir das Wort ewig oder Ewigkeit hören? Ist uns das Wort ewig nur ein abgedroschener Begriff geworden, um eine bestimmte Dauer auszudrücken, daß etwas in der Zeit einen bestimmten Bestand hat? Oder ist sie uns noch das uns immer übersteigende Etwas, das wir als Zeitliche nur andenken können? Darüber sollten wir aber vielleicht gerade jetzt in diesen Tagen etwas nachdenken, daß es nicht genügt, Zeit rein quantitativ von ihrem Ausmaß, von ihrer Länge her zu bestimmen, daß es nicht genügt, Zeit wie ein Geldkonto anzuhäufen, nur Jahr an Jahr zu reihen, ohne ein Jahr auch irgendwie zu erfüllen (zum Beispiel im Gedanken an dieses Wort des Ewigen). Menschliches Leben läßt sich nämlich nicht einfach in Zahlen einfangen, und so könnte uns gerade am Ende eines Jahres der Satz von Adlai E. Stevenson zu denken geben: „Nicht die Jahre in unserem Leben zählen, sondern das Leben in unseren Jahren."

As Land liegt zuadeckt
unterm Schnee

As Land liegt zuadeckt unterm Schnee
und schlaft ins Fruahjahr nei.
Doch aa im Ruahn bleibt d'Zeit nia steh:
Nix bleibt, alls geht vorbei.

Aus Sommer, Herbst is Winter worn
und ausm Gestern Heut.
Bisd richtig schaugst, is 's Heut as Morgn
und scho Vergangenheit.

Aus Gras werd Heu, aus Korn werd Brot,
alt werd, was grad no jung,
aus Weintraubn Wein, aus Obst Kompott,
aus Glück Erinnerung.

Aus Tag werd Nacht, aus „ist" werd „war",
aus grüne Blattln Laub,
aus schwarzm Haar werd graues Haar,
und mia, mia wern mal Staub.

Is vui passiert im letzten Jahr.
Hast vui versaamt, verdo.
Doch holst nix zruck von dem, was war,
plagst di aa no aso.

De Uhr, de lauft, es lauft die Zeit,
mia laufma mit, mit drin.
Doch koaner woaß genau Bescheid,
woaß ganz genau wohin.

Jahresbilanz

As Jahr mit zwanzg guate Vorsätze ogfangt,
hat dann aber net bsonders lang glangt.
Beim „Zwoa-oans" von de Bayern oan Meter hochghupft,
428 Gramm Schnupftabak gschnupft.
36812 Kalorien z'vui geßn.
Wieder net im Deutschen Museum drin gwesn,
35mal die Lindenstraße ogschaut.
Auf der Wiesn vier mal an Lukas naufghaut.
27 Kriminalromane glesn,
bei 18 derratn, wer der Mörder is gwesn.
211mal an Schiedsrichter auspfiffa.
Beim Autofahrn 62 mal im Ton mi vergriffa.
43mal as Jennerweinlied gsunga.
10mal übern eigna Schattn gsprunga.
Jedesmal, wenn i's ghört hab zur Mitternachtszeit,
mi über de boarische Nationalhymne gfreut.
12 Stund vor de rotn Ampln gwart.
18 Mark auf a Grundstück am Stachus gspart.
Beim Hochdeutschredn dreimal d'Zunga verrenkt.
365mal an mei Buamazeit denkt.
Beim Schafkopfrennats an Vorletztn gmacht.
Koa oanzigs Mal übern Mainzer Karneval glacht.
12mal mir mit Dachsfett mei Rheumatischs eigriebn.
17 Preußn an falschn Weg ins Hofbräuhaus beschriebn.
An am Spielautomatn 20 Pfennig verlorn,
und aa des Jahr a Jahr wieder älter worn.

(nach einer Idee von Sigi Sommer)

189

's neue Jahr

Seit a paar Stundn lauft as Jahr
jetzt als as neue rum.
As alte hat se abplagt schwaar
und is seit gestern um.

Bin gspannt, was 's alls im Rucksack hat
und aus eahm außelaßt:
Was Scheens, was, was no geht so grad,
und was, was gar net paßt.

Von jedm eppas gibts ganz gwiß
aa heuer wieder 's Sei:
Zum Schlecka was und aa a Pris
was Salzigs is dabei.

Und wiss ma aa nix Gnauers net
und net as Wann und Wo,
oans bleibt jeds Jahr: As Jahr vergeht,
bis d' schaugst... Kemmts, geh mas o!